1960 想歌・想影 2020

装甲車踏みつけて越す足裏の清しき論理に息つめている

岸上大作

マッチ擦るつかのま海に霧ふかし
身捨つるほどの祖国はありや

寺山修司

六月十五日　デモするわれより鮮烈に
路上に割れていたりき西瓜

福島泰樹

ヘルメットついにとらざりし列のまえ
屈辱ならぬ黙禱の位置

岸上大作

死者なれば君らは若く降り注ぐ時雨のごときシュプレッヒコール
みな雨に濡れていたっけ泣いていたフランスデモの若者がゆく

福島泰樹

スクラムを解けば見知らぬ他人にて街に散りゆく反戦の声

釈放されて帰りしわれの頬を打つ父よあなたこそ起たねばならぬ

明日あると信じて来たる屋上に旗となるまで立ちつくすべし

道浦母都子

我は生き彼女は逝きし六月の雨は今年も沛然と降る

世路蛮太郎

1960 想歌・想影 2020

【短　歌】
岸上大作『意思表示』（角川書店）
寺山修司『寺山修司青春歌集』（角川文庫）
福島泰樹『福島泰樹歌集』（現代歌人文庫）、
　　　　『葬送の歌』（河出書房新社）、『追憶の風景』（晶文社）
道浦母都子『道浦母都子歌集』（現代短歌文庫）
世路蛮太郎（1997 年 7 月 11 日、朝日歌壇）

【表紙・口絵写真】
毎日新聞社提供、三留理男（毎日新聞社）

安保闘争六〇周年◉記念講演会記録

甦る、抵抗の季節

かつて安保闘争を闘ったすべての仲間たちへ、
未来を担う今日の若者たちへ。

安保闘争六〇周年◉記念講演会記録　発刊にあたって

正しく怖れて、自粛を拒否する。

突然、降って湧いたようなことがある。予想もしなかった事態が現出することだ。コロナ禍と呼ばれる現象はそうだと言っていい。中国の武漢で発生したと言われる新型コロナウイルスは瞬く間にパンデミックとなり、日本ではオリンピックも延期になった。これは私たちが昨年から計画してきたことにも影響した。

今年は１９６０年の安保闘争から六〇周年にあたるというので、私たちは記念講演会を準備してきたのだが、緊急事態宣言下の自粛要請の中で多くの催事が中止され、私たちの計画も開催が危ぶまれたのだ。３月・４月と学校などが閉鎖され、多くの集会・イベント、各種の公演などが中止されていった。

三密を避けるという世の風潮の中で、6月10日に記念講演会を開くかどうかの苦しい選択を迫られた。私たちにも延期や中止の意見はあったが、予定通り開催する決断をした。新型コロナウイルスを怖れない、ということではない。高齢者の域に達している当事者の私たちにとって、「正しく怖れる」ことは当然のことだった。正しく怖れることと、自粛の風潮にそって計画をやめ、延期することとは違う。そう考えた。この考えは、六〇年安保闘争のことを考え続けてきた自分たちには当然のように思えた。

血筋という言葉がある。六〇年安保闘争が私たちに与えてくれたものを血筋と呼べば、それは自粛の風潮に無自覚に同調し、隷属していくことを拒否することだったと言える。そして僕らは6月10日にこの講演会を開くことが、記念の意味をなすと考えた。それは結果としても潔い決断だったと言えるように思う。この情勢の中、世界でも稀有のこと、と言っても過言ではない。

記念講演会は保阪正康氏と高橋源一郎氏をメインにおいてなされた。両氏の講演は素晴らしかった。それはこの講演録を読んでいただければ了解されることと思う。ただ残念なことは、参加者数が制限され、多くの人にこの講演を直に聞いていただけなかったことだ。会場は本来の定員の5分の1に制限され、参加希望者に事前のお断りを入れなければならなかった。致し方なかったと言えるが、私たちには悔やまれることである。

その解決になるのかどうかは定かではないが、私たちはここに講演記録を残し、参加できなかった人たちに届けたい。参加していただいた皆さんには集会を想起しつつ、改めて講演録などを読んでいただきたいと思う。同時に、安保闘争関連資料、事後実施した参加者アンケートなどを掲載したので、お目通しいただきたい。ここには私たちが長年にわたって思い、考え続けてきたことがあると思う。

二〇二〇年十一月

安保闘争六〇周年◉記念講演会 実行委員会

（文責　三上　治）

安保闘争六〇周年◉記念講演会記録　甦る、抵抗の季節

目次

『安保闘争60周年◎記念講演会』プログラム

開催日■ 2020年6月10日（水）　**会場■憲政記念館**　東京都千代田区永田町

主催■戦争NO！安保60の会／９条改憲阻止の会　**運営■「記念講演会」実行委員会**

◎12：15　受付

◎13：00　総合司会　事務局長 里見哲夫

開会挨拶　実行委員会代表 春原豊司

◎13：15　**第一部講演**　保阪正康（ノンフィクション作家）

歴史の視座に立って『60年安保闘争の意味と評価』

PROFILE■1939年(昭和14)、北海道生まれ。同志社大学文学部社会学科卒。ノンフィクション作家、「昭和史を語り継ぐ会」主宰。「昭和史講座」などで第52回菊池寛賞。近・現代史、特に昭和史研究の第一人者として定評がある。著書多数。近刊『昭和の怪物 七つの謎』(講談社現代新書)が評判。

◎14：25　休憩（15分間）

◎14：40　VOICE for VOICE　・発言者：浅野浩

・発言者：米田義介

・ファシリテーター：満田康子

（本コーナーは、当初複数の元活動家ビデオ・インタビューを予定していましたが、新型コロナウイルス禍による諸般の事情で、企画変更いたしました。）

◎15：00　**第二部講演**　高橋源一郎（作家）

語りつぐコミュニケーションとは

『NOを言わない若者、YESがあいまいな若者』

PROFILE■1951年(昭和26)、広島県生まれ。大学紛争時代の69年横浜国立大学経済学部入学。小説家、文芸評論家、明治学院大学名誉教授。日本のポストモダン文学を代表する作家、著書多数。三島由紀夫賞・谷崎潤一郎賞をはじめ数々の文学賞受賞、昨年NHK放送文化賞。ハイカルチャーから大衆文化、人生相談から競馬評論まで超人的な活躍。4月からのNHKラジオ新番組『飛ぶ教室』が人気。

◎16：15　閉会挨拶　実行委員会　三上治

I.

安保闘争六〇周年◉記念講演

とき■2020年6月10日（水）13時開演
ところ■憲政記念館（千代田区永田町）
主催■戦争NO！ 安保60の会　9条改憲阻止の会

開会挨拶

実行委員会代表　**春原豊司**

新型コロナウイルスがウロウロしている最中、3日程前から「ほんとにやるのか？」と、デスクの電話は鳴りっぱなしでした。東京アラームが点灯する中、皆さんよくぞお集まりくださいました。

私は1959年4月早稲田大学に入学し、4月15日に首相官邸デモ参加、11月27日の国会突入。1960年1月16日には岸渡米阻止羽田空港闘争、4月26日には国会正門前のトラックを乗り越え、6月15日には南通用門での闘争。その時、樺美智子さんが亡くなりました。すべて60年前の出来事です。今年は安保闘争六〇周年で、当時闘った学生は78歳から80歳代に達しています。

この会場は去年の秋頃借りる約束をしました。行事予定をしていた他の主催者は、コロナ禍ですべて中止・辞退されたそうです。予定通り実施に至ったのはわれわれだけです。日本唯一の貴重な講演会となります。

私たちは戦争に反対し平和を希求する運動で、本当に人間らしい生き方ができる社会を追求してきました。この意志を若い世代に伝えていかなければならないと思っています。命がけの、貴重な一日の講演会を大切にしたいと思います。（笑いと拍手）

事務局長　**里見哲夫**

第一部、保阪正康さんの講演に入りたいと思います。保阪さんは北海道生まれ、六〇年安保闘争の体験者です。日本近・現代史の第一人者と称されるノンフィクション作家です。1986年に発行された講談社新書『六〇年安保闘争』を改題・加筆し、2007年に中公文庫として『六〇年安保闘争の真実』が発行されました。ロングセラーの六〇年安保闘争記録です。安保闘争の先頭に立っていた全学連委員長・唐牛健太郎や西部邁とは、北海道での中・高校生時代のお知り合いであったそうです。私たちと同時代を生きてきた方でいらっしゃいます。

第1部　保阪正康（ノンフィクション作家）

演題　歴史の視座に立って
六〇年安保闘争の意味と評価

PROFILE■1939年（昭和14）、北海道生まれ。同志社大学文学部社会学科卒。ノンフィクション作家、「昭和史を語り継ぐ会」主宰。「昭和史講座」などで第52回菊池寛賞受賞。近・現代史研究の第一人者として定評がある。著書多数。近刊に『昭和の怪物　七つの謎』『近現代史からの警告』（両書とも講談社現代新書）など。

はじめに

私は文筆を生業としていますが、60年安保闘争の時は20歳でしたので、もう80歳になりました。まだ、なんとか頭が巡りますので文筆業をやっておりますが、私たちが生きてきた60年前、20歳頃の体験は歴史的にどういう意味があるんだろうかと、日頃からずっと考えることが多いのです。今日、振り返る機会を与えられましたので、私たちはあの60年安保闘争に参加し、あの運動以後の変化を見てきて、同時に、60年を経た今、歴史的にそれがどう語られていくかが分かってきました。自らの体験が歴史的にどう位置付けられるのか、このことを確認したいと思います。

レジュメを用意してお渡しししました。私は60年安保闘争について、限られた教室や社会人を相手に話すことをしてきましたが、このような大勢の人々を前にお話しする機会があまりないので、本題に入る前に3つの前提をお話しようと思います。

戦争で逝った学徒世代への連帯

一つは、私たちが20歳の時の60年安保闘争の意味は、「現代史の中で、あの戦争のために逝った学徒世代への連帯の挨拶、連帯の声」であった、という点です。あの人たちの生きて、死んでいった時代に対して、明らかな「NO！」の意思を強く表したのだと思います。

私は特定の政治セクトに属していたわけではありませんが、あの安保闘争の後、「壮大なゼロ」という言葉を聞いた時に、すぐに違和感を持ちました。あれは壮大なゼロではないんですね。近代史の中に100と言ってもいいほどの刻印を刻んだのです。そのことにまず自信を持つべきだと思います。それが一つです。

あの権力の振る舞いは一体何だったのか

二つ目は、「あの時、お前たちは安保条約の何たるかを知らずにデモに参加していたんだろう」「安保を知っているのか」という問いです。あの時もその後も、私たちは言われました。私たちは安保の条文を、何で知らなければいけないのでしょうか。安保の条文を知らなければあのデモに参加してはいけないということではないんですね。そういうトリッキーな言い方の中に、本質的な問題が隠されているということです。

私は20歳の時、安保条約を何一つ知らない、読んでもいない。読んでもいないけど5月19日*以後、私たちの国に見えてきた光景、あれは何だったのか。あの権力の振る舞いは一体何だったのかというようなことがいちばん重要なことなんです。条文などというのは、私たちにとってさしたる問題ではない。安保の条文を知らないでデモしたことを揶揄する声がありましたが、それを全く無視すること

＊**5月19日**（1960年）衆議院本会議での新安保条約・日米地位協定採決に反対する社会党議員の座り込みを排除するために、清瀬一郎議長は500人の警官を院内導入。23時48分本会議開会、20日未明強行採決。自民党議員に担がれて議長席マイクにしがみつく清瀬議長の光景は、戦後議会政治の最も醜悪なシーンと言われている。

はわれわれの特権なんです。しかし、60年が過ぎてあの安保条約というのは何だったんだろうと考えます。

この前提について少し詳しく述べてみます。吉田茂*は昭和26年9月のサンフランシスコ講和会議*で、52か国相手に国際社会に復帰する単独講和で講和条約に調印しました。その日の午後5時に、サンフランシスコの第8軍司令部で日米安保条約は調印されたんです。吉田はそのとき何と言ったでしょう。「これはおれしか調印しない」「お前たちは調印しなくていい」と随員たちに言いました。なぜ彼は「お前たちは調印しなくていい」と言ったんでしょうか。「これはいずれ問題になるから」と吉田は言ったというのです。

岸信介*は60年安保改定の時に「あれは双務条約に変えなければならないんだ。双務条約に変えることによって、私たちの国はアメリカと対等になれるのだ」と言いました。吉田が次世代の政治家に「お前たちは調印するな」と言い、岸は「双務条約に変えなければならない」と言いました。この二つの言い方の中に、彼らの戦時中の陰が窺えます。吉田は奉天総領事*もやった中国との外交官でした。言葉は少し乱暴ですが侵略の尖兵としての外交官でした。岸はご存知のように満洲国の官僚でした。

彼らが、なぜ日米安保条約を恐れるんでしょうか。それは彼らが明治の終わりに、韓国に「日韓議定書*」を突きつけました。昭和8年には満洲に「日満議定

＊吉田茂
一八七八〜一九六七。終戦翌年五月、第48代内閣総理大臣に就任。四八年一〇月から五四年十二月の第5次内閣まで総理大臣として在任。五一年九月サンフランシスコ講和条約に調印、同時に日米安全保障条約を締結。終戦後の混乱期の昭和史において何かと話題になる人物。英文学者・小説家の吉田健一は長男。

＊サンフランシスコ講和条約
一九五一年九月八日、米国サンフランシスコにて第二次世界大戦の敗戦国日本と連合国各国との間に締結された平和条約。参加52ヵ国、署名49ヵ国。旧ソ連などが調印を拒否。全権委員は吉田茂を含め全6名。

書*」を突きつけました。それは、お前たちに国家主権はない、国家主権は全部引き受けるということ、つまり傀儡化する、植民地化するということです。日韓議定書、日満議定書などというものを突きつけた帝国主義的官僚の中の意識は、日満議定書を突きつけた時の優越感、歴史的役割と日米安保条約を突きつけられた屈辱感は表裏なのです。

60年前、私たちには分からなかった、彼ら自身に内在している心理が分からなかった。その心理と歴史をずっと調べていくと、「そうか、そういうことなのか、彼らの帝国主義的な、突きつけた時のその論理、突きつけられた時の恐怖感、それがいかに屈辱なのかということが彼らの言辞の中にあるんだ」ということに気付くことが大事だということですね。私たちはこの視点を、実は見逃していたのです。この視点にはなかなか気付かなかった。

日満議定書を読んでください。三カ条くらいしかないけれど、満洲国は傀儡化するという条文です。大正3年、１９１４年第一次世界大戦が起きた時、大隈重信内閣は21カ条*を突きつけました。その第5項に何と書いてあったかというと、ある国を傀儡化する、植民地化することを堂々と書いていますね。しかしそのことが国際社会にばれることを恐れて、ほとんど説明していない。ところが中国の袁世凱*政権は「こんなものを突きつけられているんですよ」と国際社会に訴えました。第5項を日本は隠していたんです。アメリカから問い合わせがありまし

＊岸信介
一八九六〜一九八七。満洲国国務院高官、東条内閣の商工大臣を歴任。極東裁判でA級戦犯被疑者となるも不起訴・釈放後公職追放に。東西冷戦下で政界復帰、五七年石橋内閣総理大臣の代理を務め、第56代内閣総理大臣に。六〇年、日米安保体制の成立に政治生命をかけ、法案成立後七月一九日辞職。

＊奉天
現中華人民共和国遼寧省瀋陽市。人口約８２５万人。

＊日韓議定書
一九〇四年二月、日露戦争開戦直後、大日本帝国が大韓帝国を勢力圏に入れるために締結した条約。

＊日満議定書
一九三五年九月、満洲国における日本既得権の維持、関東軍の駐屯等を承認させた大日本帝国と満洲国の条約。

た、「本当にこういうものを突きつけているのか?」って。どういう内容かというと、中国の人事に日本人を入れる、あらゆることが日本人の了解のもとに進められる。帝国主義的官僚が持っている中国国家そのものに突きつけた時の優越感、彼らの得意げな表情、逆に裏返しになれば、突きつけられた時の屈辱感を背負って彼らは生きているんです。それが帝国主義的官僚の実態です。60年安保闘争の時は、それが如実にでてきたんです。私はそういうことは全く分からなかった。

当時、社会党が審議会で「極東の範囲ってどこを言うんですか」と説明を求め、藤山外務大臣が答えられなかったですね。そういうことにずっと問題があったが、しかし本当に聞くべきことは、岸に対して「あなたは日満議定書を突きつけた側にいて、その時の感想を言ってください」と一言聞けばよい。社会党ですら聞いていない。私たちは先達に「安保条約を読んでないのかよ」と言われた。それに対して堂々と「それが何で悪いんだ!」と。読んでなかった、問題の本質が見えていなかった代わりに、問題の表面が見えたんだと思います。

札幌時代の西部邁、唐牛健太郎と私

前提の三つ目です。私は西部邁*も唐牛健太郎*も、学生運動に入る前から知っています。私は札幌で、中学時代に越境入学していました。西部は私より学年が一年上で、隣の町なのですが朝と夕方、汽車を乗り継いで愚にもつかない話をしな

＊二十一ヶ条
一九一五年一月の第一次大戦中、日本（大隈重信内閣）が中華民国に要求した「対華21ヶ条要求」。満蒙における日本の権益を拡大する目的で激しい抗日運動の火種となる。

＊袁世凱
一八五九〜一九一六。軍人・政治家、初代中華民国大総統。

＊西部邁
一九三九年三月一五日〜二〇一八年一月二十一日。北海道出身。五八年東大入学、ブントに加盟、全学連中央執行委員として六〇年安保闘争の中心的活動家。七一年東大経済学大学院卒業、横浜国大・東大教養学部助教を経て、八六年東大教授。80年代から評論家として保守の論陣を張る。著書多数。病気を苦に多摩川で自死、社会に大きな波紋を投じた。

がら学校に通っていました。しかるべき高校に行きたくて、二人とも中学校の越境入学をしていたんです。西部は希望通りの高校進学が可能でしたが、昭和30年、私の時代には高校越境がうるさくなり、父が高校教師でしたので特に厳しく見られるようになり、西部と同じ高校進学はかなわず、一緒に通学する関係は終わりました。私は西部とは違う学区域の高校に進み、自閉症的症状も出て学校にあまり行かず、映画ばかり観たり、本を読んだりしてました。

「よーし、映画監督になろう。シナリオライターになろう！」と、高校3年の時に「北海道シナリオ同好会」に入りました。その会には北大生が多かったんです。その中に唐牛健太郎*がいました。彼はたしか北大の2年生でした、あるいは1年生かもしれません。映画が好きで「シナリオを書くんだ」とよく話をしていました。映画の話にふれて恐縮ですが、昭和28年頃のヌーベルバーグ*のちょっと前、木下恵介監督、高峰秀子主演の『二十四の瞳』とか、そんな時代です。その頃、映画青年が増えていたんですね。しばらくして唐牛が、「僕は北大教養の委員長になるんだ。だからこんなことしてられなくなった」と言って、僕に向かって「お前高校3年で受験勉強しなければいけないのに何やってるんだ」と言って、ゲラゲラ笑いながら別れたんですね。彼はその後、学生運動に入っていったんです。

私は唐牛や西部の、そういうナイーブな青年期のことをよく知っています。唐牛が同志社にオルグに来た時、「お前、何だここに来たのか」と声をかけてきて、

＊唐牛健太郎
一九三七年二月十一日～一九八四年三月四日。北海道函館出身。北大教養学部自治会委員長から五九年全学連委員長、六〇年安保闘争における学生運動指導者として社会的な注目を浴びる。「ゼンガクレン」を世界にとどろかせた。闘争終焉後は様々な職業を転々とし、自由闊達に生きるもガンにより47歳で早逝。

＊ヌーベルバーグ
一九五〇年代末、フランスのおける映画運動。仏語「新しい波」の意。世界中の映画人に影響を及ぼし、日本では大島渚、吉田喜重などの新人監督が誕生した。

小声で「深入りするなよ、ブント*に深入りするなよ」と言ったんです。僕はする気はありませんから、芝居ばかりやっていました。

西部とはその後、横浜国大の教授から東大に移った時に、仕事上の編集者が同じだったこともあり、30年ぶりに再会しました。西部とは考え方とかいろんなことは違うんですけど、あの少年期の2年間に、いろんな話をしたことが思い出されてきて、よく誘いがかかって、会えば5、6時間話していました。いろんな話をした中で、「年を取ったら、自分はどこかで田園生活をしたいんだよ。田舎へ行って田園生活をして、真ん中に東屋があって、四隅に友人が住んでるんだよ。気持ちのいい、話の通じる奴。そして朝に飯でも食ってふらふらしながら東屋へ来て、ずっと日がな一日バカ話するんだよ。そういう老後を過ごしたいんだけど、保阪お前、片方に住め！」って言うんです。私は「いろいろ考え方も違うし、いっしょに暮らすのはいやだ」と答えると、「そんなこと言わないで住めよ」と言い返す。そういう仲でした。私は彼に「なんで朝まで生テレビなんかに出るの。あんなのに出ると冷えるんじゃないの」と言ってやると、「お前ね、知らないの？商業性、商業性！」。

彼が東大教授を辞める前の晩、「明日の朝、新聞を見て驚かないでくれ」と。2、3時間話をした時、「おれ、もう嫌になったよ」と言うのです。私は西部と暗黙のうちに、いくつかの了解ごとを作っていたのです。その中に、重要なことが二

＊木下惠介
一九一二〜一九九八。映画監督、脚本家。黒澤明と同世代で、戦後の日本映画界を牽引。若手監督や俳優を多く育て「木下学校」と呼ばれた。作風は多様だが、叙情的な作品に定評がある。木下作品に最も多く出演したのが女優の高峰秀子で、五四年の『二十四の瞳』（原作・坪井栄）は各種の映画賞を受賞。

＊ブント
一九五八年に結成された新左翼党「共産主義者同盟」の略称。ブントとは独語の「同盟」を指す。六〇年安保闘争後分裂・解体するが、全共闘など後の学生運動に影響を及ぼした。

つあります。「あなたと私は13、14歳の時、越境入学した関係である。あの時のいろんなことが原点にある」。それが一つです。二つ目は、「おれとあんたとは考え方が違うが、本当に信じているのは共同体である。共同体の中に、いかに身を置いていたいかというのが精神の根幹にある」ということですね。精神の根幹にある共同体というのを作りたくてしょうがない。しかし何年か前に会った時、彼は「人を信頼できない」という考え方を持っていました。彼と何時間も話し、家族旅行までした時に感じました。僕は「何で人を信用できないの？」と言ったら、「お前、裏切られたことないだろう」と言うので、かなり原則的な話をしました。

ご存知のように彼は亡くなりました。亡くなる10年前から彼は明らかに異様な人間関係を作っていました。彼にきちんとものを言う人を遠ざけている。先生、先生と言って奉る人に囲まれていました。私にも、もちろんそういう関係はありますが…。お互いに本を送るのはやめよう、ということになっていました。しかし最後の本『保守の遺言状』が送られてきた。あるページに折り目がついている。「なんで読んだ本を送ってきたのだろう」と開いてみると、びっくりしてました。「死の誘い」を明確に自分で書いているんです。つまり「おれは死ぬよ」って言っているんだと思いました。「西部は死ぬな」と思いました。

西部という人と知り合うことによって、60年安保闘争の総括を「指導者と大衆」、「一般学生と指導者」について、ずいぶんいろいろ考えます。同時に「お前、人に裏切られたことないだろう」と言った時に、それが単純な言葉ではないということに気づいた。もう一つだけ言うと、ある場末の飲み屋で彼と飲んでいる時に、若い編集者が甘えるような語り口で「西部さんよ、学生運動なんてやって…」と言った時に、彼は異様な状態になりましたね。「てめえ、ふざけるな。表へ出ろ」と言って彼の例の巻き舌で始まったんです。その時私は肩を抱くようにして「西部さん、こんなところで、あの連中に怒鳴って何になるの。冷静になった方がいいよ」と言ったのです。西部は純粋だったんです。だからそういったようなかたちで、自分を総括したのだと思います。

前提が長くなりましたが、私としてはこの三つを知っておいてもらってお話を続けようと思います。

京都府学連の下に初めてのデモ参加

20歳の時です。60年安保に関して、私はさして興味がある方ではなかったが、周辺に安保闘争に詳しいのがいました。59年の11月、国労*がストライキをしました。時限ストです。朝の5時から6時までです。近くに熱心な友がいて「支援に行くんだけど、どうだ一緒に行こうよ」と言われて、「いいよ」と返事して加わりました。梅小路駅という貨物の着く駅です。そこで国労の集会がある。京都府学連が支援に参加して、「時限ストで、この事態が乗り切れるのか。無期限スト

＊国労
旧日本国有鉄道（国鉄）の「国鉄労働組合」の略称。八七年の国鉄分割民営化後も変更せず使われている。

に変えろ！」とブントの人が演説しました。国労の組合員たちが激昂しましたね。私はブント系のところに座っていましたから、彼ら（国労組合員）が列を作って、そこを歩かされて追い出されました。その時ぶん殴られました。その時に彼らが言った一言に「なるほど」と思いましたね。「俺たちは1時間の時限ストをやるのに、どれだけのことを犠牲にしていると思ってるんだ。お前たちはそんなことも知らないで何が無期限だ！」と言った言葉を憶えています。私は殴られたり蹴られたりして、まあそれはそれほど痛くはなかったが、そうかと。国労の組合員は時限ストを勝ち取るために相当苦労しているんだ。学生たちは無期限ストをやれなんてことを平気で言うけれど、「時限ストをやるだけでも、どれほど苦労だったか」というところに本音があるんですね。

同時に、その時その国労にぶん殴られたことを通じて、言い方は生意気ですが、「安保闘争ではブントの側に立つ」と決めたんです。国労の側に立って「1時間の時限ストでいいんだ」と言って認めてしまったら、デモで言えば「焼香デモ」などに象徴される、既成左翼*の枠に収まってしまう。こういうことを超えることの判断が一つの大事なことなんだろうと思いました。私はブントの熱心な同盟員になったことはありませんが、周辺にいましたからよく話は聞きました。

思えば「日本帝国主義は自立しているのか、アメ帝に従属しているのか」を朝まで議論していましたね。私には確たる知識がないまま、「日帝は自立しているか、

***既成左翼**
ここでは、当時の日本共産党、社会党を指す

アメ帝に従属しているか」を議論し、自立か従属かの結論で次第に党派性が分かれていき、デモ・コースもどのコースを通るかが分かれてくることが、次第にわかってくるわけです。そういう中で「日帝は自立している」という主張の本を2、3冊読んで、夜の8時頃から朝まで論じ続ける。今振り返るとなにを論じていたのかと思いますね。たぶんそれは、誰かが書いた論文を読んで鸚鵡返しだったかもしれない。何もわからないけど、そうやって論じていく中に、何かが見えてきたことも確かです。「俺たちは与えられた知識や与えられたシステムの中で諾々と生きるのか、自立して生きるのか」が、だんだんと自覚されてくる。そういうことだと思います。

私は大学に入って芝居ばかりやっていました。創作劇を書いたり、演出をやっていたんです。私は社会主義リアリズムやスタニスラフスキー*・システムという演出法に賛成できなかったので、ものすごく貴族的なフランスのジロドゥとかの手法でやっていました。劇団四季なんかと連なるような手法です。一方、同志社にも、スタニスラフスキー・システム演出法で芝居をやっているグループもありました。そちら側から見たらブルジョワの学芸会ではないかなどと論争していましたね。

そういう中で、日帝*は自立している、米帝*に従属しているという二つの議論をする中で、自分の生き方とどうかかわるのかということを当然考えるわけです。

＊スタニスラフスキー
一八六三～一九三八。コンスタンチン・セルゲーヴィッチ・スタニスラフスキー。ロシア革命時期に活動した俳優で演出家。スタニスラフスキー・システムは俳優教育の新しい方法として世界の演劇界に影響を及ぼす。

＊ジロドゥ
一八八二～一九四四。ジャン＝ピエール・ジロドゥ。フランスの外交官で劇作家・小説家。戯曲作品に『トロイ戦争は起こらない』『ジークフリート』など。

＊日帝
日本帝国主義

＊米帝
アメリカ帝国主義

11月の国労のストライキで殴られ、彼らから「この1時間のストのために、どれだけ苦労していると思うのか」と言われたことに納得したが、彼らとは違うという側に立ったんです。彼らと違うという側に立つからこそ、彼らが苦労しているというシステムを壊すという側に立てるんだと思いました。そういうことを言った時に、熱心なブントのメンバーが下宿まで来て「お前、東京のデモに行かないか」と誘われ一度だけ行きましたが、ブントとは距離を置いていました。

結局5月19日のあの岸内閣の議会を議会と思わない、あの安保強行採決という暴挙が初めて分かったわけです。58年のあの警職法*、三井三池*の社会的な動きの中に勤評闘争*などを見ながら、なぜこの内閣はこういう路線を一生懸命歩むんだろうと思った。日帝が自立しているとか、従属しているとか、そんな問題ではなく、5月19日にその本質を見事に示してくれたわけですね。議会は「あってなきが如き存在」である。それが戦前の東条内閣の官僚の発想なわけです。私たちはそこにある不潔感を感じました。世代的な不潔感です。戦争というのはこういうシステムの中で作られるんだということを、岸は目の前で演じてみせたんです。「安保条文を知らないから」なんていうのは何の意味もないです。あの戦争の責任を負わなければならない人が、堂々と首相となって、同じようにわれわれの側にその手法を見せつけた。その瞬間に私たちはこれを破壊しなければ、壊さなければ、結局、あの戦争に行った多くの人たち、あのニューギニアの奥地まで鉄砲

＊警職法
一九五八年、警察の職務達成手段を定める「警察官職務執行法」の改正案を第2次岸内閣が国会に提出。社会党・総評を中心に改悪反対の国民会議ができ、改正案が撤回された。国民運動が院内多数派に勝利した戦後最初の事例。

＊三井三池
一九五九〜六〇年、炭鉱労働者の合理化に反対した労働組合と企業・資本側との戦後最大の闘争。三井三池争議（闘争）と言われ、安保闘争後の全学連主流派も労働組合支援に参加した。

＊勤評闘争
国家公務員法の改正により教職員の勤務評定をしようとする政策に反対する闘争が、日本教職員組合を中心に全国的に展開された。

を持って戦わされた学徒たち、中国やインパールまで行って戦い、命を落とした人々に何の言葉で報いるのかという気持ちが、ごく自然に起こったんだと思うんです。それは理論ではない、感性の問題です。いっせいに噴き出したのです。

その5月19日に私は京都でデモに行きました。京都の目抜き通りのデモでは、タクシーの運転手や商店の人と四条河原町辺りでいつも怒鳴り合いです。「学生は何をしとるか」と。しかし、それまでの調子と5月19日以降はガラリと変わったんです。私たちに文句を言わなくなった。町の中に大きな変化がありました。

6・15 円山公園に5万人が結集

6月15日、京都府学連は円山公園に5万人の人を集めました。府学連の手で5万人集めたことは、これ以外にないと思います。同志社、立命館、京大の連中が先頭で円山公園を出発します。機動隊と祇園の下でぶつかったり、四条河原町や府庁前でぶつかったりします。しかし、府庁前でデモの先頭が解散する時、円山公園に集まった全部が出発しきれてないんです。あまりにも多い人で足踏みしてたんです。自治会のない女子大、あるいは高校生、いろんな人たちが集まっていた。戦前戦後を通して、府学連によって5万人もの人が集まったのは初めてだと思います。私の目に留まったのは、高校、女子高、女子大など自治会のない学校の学生たち、彼らが手作りの旗を持って参加していました。こういう普段デモに参加しない人々が大勢集まってきたのは、府学連の呼びかけがいかにみんなに勇気を与えたかということです。

6月15日、府学連を中心に5万人の意思があったと思います。それは歴史的な意思があったと思います。年齢でいえば、終戦の年にまだ幼い小学生だったのが、やっと高校生・中学生になり、家庭がうるさい女子大生など、それらの人々が円山公園に集まった。これは意思なんです。この意思は「反安保」ではなく「反岸」なんです。岸に象徴される戦前の日本軍、指導体制の持っている不潔さと不快さに対してNOを突き付けた、本能的に呼び起こされた意思なんです。これが60年安保闘争だと私は思います。

私自身は6月15日の安保闘争で、こんなことあまり言ってもしょうがないんですが、拘置所に一晩泊められました。というのは、機動隊に足を蹴っ飛ばされたので蹴飛ばし返したら連れて行かれ、取り調べを経験しました。まあ牧歌的時代ですから、年取った刑事が足を見て「痛かったろう、大変だったろう」と声をかけてきた。すると若い刑事が「お前！」と怒鳴っているという、ありきたりの光景ですね。年取った刑事が「お前どこから来たのか」と尋ねる。「札幌からです」と答えると「親が心配してるぞ、泣くぞ」と言いながら写真を7、8枚ぼくの前に並べました。「お前この中で知っている奴いるだろう」と並べました。「こいつは知ってるだろう」と次々見せてくる。その時驚いたのは、階段教室で下からカメラを据えて撮っている写真があったことです。どうもそれは2部の学生に仕事として撮らせたのではないかと。権力のある側面を見た、という気持ちになった。以上が私の安保体験です。

京都府学連の6月15日の5万人の記念すべき歴史的集会、デモの中に私はいたということを誇りに思います。私はその時、いや、高校時代から、「特攻隊になって死ぬ、どうしてあんな死に方をするのか」と思っていました。どうしてあんな戦争をするんだと思っていました。私は学生時代、芝居をやっていましたが、私の周辺にはブントで学生運動をやり、何回も捕まり、親と対立し、親を騙しだまし何回も捕まり、一生懸命やり続けていた友人がいます。そいつのエネルギーは私の比ではない。彼には彼の理想と現実があったんだと思います。そいつを見ていると、そいつと特攻隊と会話を交わしたらどんな会話になるんだろうと思いました。それで学生芝居でそれを書きました。『生きる屍』というタイトルで、特攻隊の若者と革命に命を捨ててもよいという若者の会話は、どういう会話になるんだろうというような芝居でした。

戦争指導者が持っている非人間性

60年安保から十数年前の戦争のことをだんだんと調べていくと、「なぜあんな戦争をしたのか」ということ以前に、戦争の指導者たちが持っている非人間的な戦略・戦術は、これは何なのか、彼らは誰に許されたと思っているのか。天皇は許したかもしれない、しかし先達や次の時代を生きる者たちが、歴史的に彼らにそういう権利を付与していない。私たちが批判できるのはそこなんです。「あなたたちは時代の中で特権化した地位から戦略や戦術を練ったので、その時代の中の要請であって、歴史的な先達、次の世代の者は納得していない」という視点で分析しなければいけないんです。

いい悪いは別として、江戸時代の260年から270年の間は、国家として戦争をしなかった。もちろん幕末には、いくつか西欧列強との衝突はありますけど、国家としては戦争をしなかったんです。これは徳川幕府政権が、いかにその支配を完徹していたかという風にも言えますけど、しかし人類史をみた時に、17、18世紀に対外戦争を1回もしなかったというような国が、そこに何かを抱え込んでいたことは事実です。

例えば、武士階級が人口の1.2%というから37、38万人いたでしょうか。彼らは戦争の要員です。同時に「知的な錬磨をする」ことに彼らの日常を賭けていました。そうすると、彼らには「戦争する」という現実は存在しないんです。武士階級が自己錬磨のために武芸を発達させる、そしてその行きつく先に何を見ていたのか？ この対外戦争をしなかったという中に何が残されているのか。私は肯定しようとか、否定しようとかいうのではないのです。何が残されているのか。性急に封建制度の時代からロシア革命にというような分析が成り立たないような時代、江戸時代という時代を、もう一度見直さなければいけないのではないかと考えるわけです。

何が残されていたのか。なぜそんな問題意識を持ったかというと、軍事指導者たちが明治15年くらいからドイツの軍事学を学んで取り入れました。軍事学というのは、どの国にもその特性を生かした軍事学が存在します。国民性、隣国との関係など、さまざまなかたちによって軍事学は構成されます。そういうように日本でも江戸時代、各藩によって少しずつ作られていった。それが幕末維新でいきなり開国になって、西欧帝国主義の生の姿を見た時に慌て驚き、その追随をするということで、この国は出発したんです。その追随をする時に帝国主義というのは一朝一夕でいろんな変化するわけではありません。私たちの国は帝国主義の全容をきちんと理解しないまま、朝鮮、台湾、どこか弱いところを見つけて侵攻し植民地化していく。私たちの国は何も産業的基盤がないのに、軍人が戦争という利益を上げる手段、戦争は営業品目であるという風に変えてしまった。戦争に勝って賠償金をとるんだというのが軍事。その勝てる軍事論というのが、どう江戸時代と切り離されて生まれたのか、そういうところをきちんと考えなければならない。

どうして軍事指導者があんな専横的な態度をとったのか。そういうことを一つひとつ見ていった時に、実は60年安保闘争で、私たちは私たちの国の戦争というものに対して「二度とあんな時代はごめんだ」「あんな時代をもう繰り返したくない」「お前の顔は見たくない、帝国主義者の顔は見たくない」ということを、誰かに教えられることもなく意思表示したのです。思想に関係ないんですね。ある意味で世代的な役割です。この世代的役割を政治化しようとすればセクトが生まれるでしょうし、世代的役割を世代的に引き継ごうとすれば、そこに新たなテーマが生まれて、それを求めることになるんだと思います。私たちの国は多くのことで人類史の中でサンプルとなるような現代史を作ってきました。

もう一度、軍事学の話をすれば、なぜこんな軍事学の下で国民を指導したのでしょうか。軍事学について言えば、戦前、陸軍大学校や海軍兵学校、海軍大学校が戦前の軍事学を作り、それが崩壊し、そしていま、戦後の中で防衛大学など戦前の系譜を引くところで軍事学が継承されている。違うでしょうと言いたい。軍事学というのは国民の基本的な問題で、なにも戦争するためではない。戦争しないための軍事学というのは何なのかということを日本の社会は問うてないんです。戦前のかたちを追及するように継承している。私は何も軍事学を勉強しろというのではないんです。昭和史や近代史を見た時に、私たちの辿り着くべき問題点は、なぜ近代が多くの過ちを犯したかというのは、軍事を見れば集約的に分かるということなんです。そのことを官僚の一人が教えてくれたんです。安保闘争ということを通じて、その背景に見える軍事による支配が、日韓や日満との関係、日満議定書というものを生んでいくことが分かるんです。そこに問題点があるんだなと思います。

次世代にどのようにして継承するか

　私はセクトに属したことはないので、かなり自由に発想しますが、私たちの国にとって本当に必要な論理ってなんでしょうか。それは私たちの国にごく自然に発生したいろんな特性があるんです。それは何も右翼的なナショナリズムの意味でいうのではありません。なぜ私たちの国には民俗学という学問があるのか。柳田国男*とか宮本常一*とかをもう一度読み抜いて、私たちの共同体に伝承していくべきは何だったのか。その伝承の強さと弱さをもう一度見ることによって、新たな組み立てをやることによって、近・現代の150年はひとつの役割は終えたと思います。私たちはこの上に何を構築していくのか。結論を言って終わらせていただきます。

　私たちが持っている体験、私たちが歴史の中に刻んだものは、次の世代に引き継がれているだろうか。何か心許ない感じがします。それは日本の教育に問題があるんだ、社会のシステムに問題があるんだと、いろんな問いかけが発せられる。しかし問題を並べ立てるよりも、問われているのは私たち自身です。いろんなと

＊柳田国男
一八七五〜一九六二。兵庫県出身。日本民俗学の父とも呼ばれる民俗学者。説話集『遠野物語』は今も読み継がれている。

＊宮本常一
一九〇七〜一九八一。山口県出身。柳田国男の影響を受け民俗学に。日本中、津々浦々をフィールドワーク。『忘れられた日本人』など著書多数。今日の観光学の先駆者とも言われる。

ころで講演をする機会に、よく「孫が全然聞いてくれないんですよ。次の世代の子が全然聞いてくれない」という発言を聞きながら「それはあなたの説明が悪いからでしょう」と私は言いました。相関関係なのです。次世代に継承するということは、その姿勢の中に思い出話になったり、教訓じみた押し付けになったりしていないか。そうじゃない伝承の仕方、それを充分に見つけられないまま私たちは現在に至っていると思います。

安保闘争の総括の仕方、いろいろあるでしょう。あの世代が「戦争は二度といやだよ」「戦争というのはシステムなのだ。そういうシステムはいやだ」ということを素朴なところから次の世代に伝えるということを、遅まきながらやるべきだという感じがします。

一つの例を挙げて終わります。私の息子が高校生の時のことです。20年以上前のことになります。学校から帰ってきて、私の仕事部屋に来て、「おやじ、今日学校で先生が特攻の話を授業中にして、話をしながら泣いたんだよ」「それでお前らどうしたの？」。その時、クラスの中に白けた奴がいて「先生泣く問題じゃないでしょ」と言った、と言うんです。「お前どう思ったの」と聞いたら、「僕は白けちゃった」と言う。「おやじはどう思うか」と聞くんで、「日本の学生が20歳くらいで特攻で死んだ、この話をすると涙が出る。遺書を残して死んでいったんだよ」と、ずっと話をしました。息子は黙って聞いてくれました。そして「特攻にぶつけられたアメリカの海兵隊員は誰が悼むの？」と。「それはアメリカ人が悼むんだろう」と答えた時に、「そしたら紙の上で戦争やってるということじゃないか」と言い返された。「紙の上の戦争？　えっ！」と私は思いました。そうか新しい世代が出てきた、新しい世代はこういう発想をするんだ、と。私は特攻隊の遺書を見ると涙が出ると美化してしまったけど、「それは紙の上で戦争をやっているということじゃないの」と言われた時、新しい世代はこういう発想をするんだと思いました。特攻隊にぶつけられたアメリカの兵隊のことを思う時に、「それはどうなってるの？」「いやそんなこと考えたことないよ」と会話は続いたが、世代間の継承はこういう風に変わっていくんだと思いました。

　私はこの考えに出合った時に「なるほど」と思いました。「紙の上で戦争やってるんじゃないの？」、そういう考え方がその前の世代を乗り越えていくんだなと思いました。ということは、私たちの世代も前の世代を乗り越えたはずなんです。「デモをやったってしょうがないんだよ」「現実に依拠しなければやっていけない」など、いろいろあったでしょう。しかしそういった大人の知恵の中の社会の一つの曖昧な妥協に対して、大きな意味で私たちはＮＯと言ったんだと思いますす。そう言ったことの誇りというのは、私たちの人生の一つの勲章だと思います。やがて安保70年、80年という年も来るんでしょうけど、その頃にはかなりの人が亡くなっていると思いますが、しかし60年安保何周年という時に「そうだ、俺たちが伝えたいことはこういうことなのだ」ということを思い、そこに頭を整理して、目の前にいる次の世代と向き合うのが私たちに要求されていることかなと思います。

話しがあちこちに飛びましたが、私が20歳の時に京都の梅小路駅の国労のスト集会で組合員に思いきりぶん殴られた時に、その枠を超えなければならないと思ったことに誇りを持っています。殴られた時に右とか左とかではない。体制そのものが一つのシステムを作っているんだ、それを超えていくのは自らの中にそれを超えていく論理を作らなければならないと思いました。あの時から60年生きてきて、今のような考えに辿り着いたということです。いつかご参考にしていただければ幸いです。

ご清聴、本当にありがとうございました。

司会　ありがとうございました。ここで会場から質問を受けたいと思います。簡潔明瞭な発言をお願いします。

質問者（男性）　会場を見回して、私が一番若いのではないかと思います。私は昭和28年の生まれで、いま67歳です。先生のお話の中に息子さんのお話がありましたが、なぜ私たち世代と息子さん世代の間に断絶ができたのか、そのことを聞かせてください。

保阪　私は物書きですが、大学でも15年くらい歴史を教えていた時、ある学生が「明治、昭和」と言ったんですね。それで「きみ、大正が抜けてるよ」と注意し、授業の後で「どうして大正が抜けちゃったの」と聞きましたら、「高校で日本史やりませんでした」と言うんです。いま日本史は選択なんです。大学受験のとき、日本史はなかなか点がとれない。世界史は相対的にどの大学もやさしいそうです。日本史が点がとれないと聞いて私は頷きました。どの高等学校にも日本史の先生はいるんですが、生徒たちは先生たちの自己満足に利用されているのではないかと思うことがあります。例えば「中世日本の、ある時代の通貨はどういう経路をたどったかを地図に描け」などという偏った問題を出す教師たちの異様さ。日本史は点がとれないから選択しないという学生たちの問題もあるけど、それよりも教師たちがいかに日本史をおもしろくしなくしているか。

高教組と日教組は文部省とずっと対立していました。やっと2020年から文科省も歴史科目を改め、「歴史総合」という必修科目「日本史＋世界史」をつくり、ある程度教師の自己裁量に任せることになった。各地で研究会が始まっています。今までは明治維新に入る前にやめて、あとは自分で勉強しなさいと言えば済んだ。それは明治維新に入ってからの政治的な解釈について、日教組、高教組、文科省などをおもんぱかる時代があったためです。それが教師たちの自己裁量になる。教師たちはどうやって生徒たちに歴史に興味を持たせるか、今までの教え方ではだめだ、何か新しい、教師が中心となった教え方をしないといけない。するとメディアで書いている人などは重宝なのでしょう、呼ばれて明治維新はこうなってこうなったと教えて、それが歴史教育だった。そうではなく、西郷隆盛は庄内藩との関係でどういうふうに身を処していたのか、島津の殿様とどういう関係だったのか、薩摩藩あるいは長州を一つの例としてとるなり、戊辰戦争、函館戦争はどういうものだったのか、榎本武揚はどういう人だったのかということを具体的に話をする。教師たちはそういう教え方を試みようとしていると思いました。

ここに高校生がいないのは不思議でもなんでもなく、今の教育の結果だと思います。父親は、お祖父さんお祖母さんは、どうやって生きたんだろうということは誰もが思っていると思うんです。それが歴史であり、そこから出発すればいい。あるいは演繹的に、歴史はこういう法則のもとで一つの史実の展開をして、その時ネグレクトされる史実がいっぱいありますが、そうではないだろうと。実証主義的、機能的に史実を見ながら、そこから何が教訓なのか、という教え方をすべきだと私は思います。教訓というのは教師が摑んだ教訓で、「きみらがまた摑んでいいんだ」という教育をすべきだと思います。

日本の歴史教育の欠陥の一つはディスカッションがないこと。2022年からは教科書で学生たちにも必ず発言させる、そしてディスカッションする方向へ行くと言われています。私たちは戦後の教育、もう75年も経って、これが政治的だ、どうだということで一つの愚かしい空間を作っていたのがやっと取り払われる。今の文科省の中に、そういった先進的、斬新な官僚がいたということ。そういう動きが出ることによって歴史への興味が進んでいくんだと思います。

こういうところに高校生などが来て質問してくれるとうれしいですけども。市民講座なんかにやってきた高校生から質問が送られてくることがあります。高校生の領域を超えた質問がくる。それを見ると、受験型の勉強ではなく自分でテーマを見つけて疑問を発している。学校の歴史教育では満たされていないとも言えます。若い人がなかなかこのような場所に来て歴史を振り返ろうとしない、その理由は「日本では歴史教育が充分に機能していないんだ」という答えでどうでしょうか。

（了）

争六〇周

VOICE for VOICE

あの頃、そして、いま…。

このコーナーでは、元活動家5人のご登壇を予定していましたが、新型コロナウイルス禍等、諸般の事情により、当初の企画を変更しましたことをお断りしておきます。

◉ボイス

浅野　浩

金沢大学医学部。在籍中、自治会活動家として60年安保闘争に参加。「青年医師連合（青医連）」活動では医局改革に貢献。内科医。

米田隆介

明治大学在籍中、全共闘の活動家として活躍。69年1月、東大安田講堂攻防戦での守備隊長。

◉ファシリテーター

満田康子

満田　みなさま、こんにちは。これから「VOICE for VOICE」を始めます。進行をつとめます満田康子と申します。

私は、社会学者の上野千鶴子さんが理事長の「ウィメンズ・アクション・ネットワーク」、通称WANでボランティアをしております。司会の役割をどうしてお引き受けしたかと言いますと、このプログラムができた時に、それを見ましたら全部男性の名前が並んでいました。ちょっと衝撃を受けました。60年安保闘争も全共闘運動も、女子学生がたくさん参加していたんです。私も参加しました。そのように女子学生がたくさんいたにもかかわらず、こういう記念集会とか、記録集とかになるといつも男性オンリー、男性優位になっている。これはどうしたことかと。やはりお引き受けすべきと思いました。司会など不得手なんですが、ご登壇のお二人の協力を得て進行させていただきます。よろしくお願いいたします。

このセッションに与えられた時間はわずか20分です。20分のうちに3問の問いをして、お二人に答えていただきます。恐縮ですが1問に3分でお答えいただくというご無理をお願いしました。

ご登壇いただきましたお二人は、60年安保闘争時代と全共闘時代に学生運動をされていた方です。浅野さんは金沢大学医学部の学生さんでした。その当時どのような活動をされたか、東大闘争にも金沢から参加されていたそうですから、その辺りも含めてお話ください。

浅野　金沢は20万人くらいの都市です。その小さな街で金沢大の2千人くらいの学生が全部デモに繰り出していました。そうすると街の人たちが感銘して「飲みにいこう」と、よく飲ませてくれたんです。そういうよき時代でした。金沢大学に全学連から「東京で『何々集会』があるから出て来い」という連絡が入るんです。8時の夜行汽車に乗りますと朝6時くらいに東京に着きます。そして早稲田に行ったり、本郷に行ったりと、活動も大きなうねりになって行きました。ご存知だと思いますが、当時、金沢大学では「医師のインターン制度反対闘争」をしていて、私はその運動に参加していました。安保には敗北しましたが、これには勝利しました。

満田　次に米田さんにお願いします。ネットで「米田隆介」さんを検索しますと、1969年の1月18日、あの有名な東京大学安田講堂攻防の時の「守備隊長」だったと書かれています。当時明治大学の3年生でいらして、いわゆる外人部隊と言われたようで、守備隊長で最前線の責任があったんですね。その前後の活動を含めてお話いただけるとうれしいです。

米田　私は1966年の4月に明治大学に入学しまして、72年の6月に実刑で下獄しました。丸6年間、学生運動に明け暮れていました。73年の10月に静岡刑務所から出てきて、それ以来、普通の市民生活を送ってきています。私がなぜ運動を断念したのか、そのことをちょっと説明しておきたいと思います。

先ほどご紹介いただいたように、69年1月の東大安田講堂で闘い、そこで捕まり、1年間拘束され、ちょうど1年後娑婆に戻ってきました。私が東京拘置所にいる時に第2次ブントが分裂をしまして、みなさんご存知のように「赤軍派」だとか、「関西委員会派」とか、「叛旗情況派」とかに分かれていったんですね。私は早稲田の荒岱介君と一緒に出てきましたので、彼を中心に、明治、早稲田、慶応、日大、上智の有志で、いわゆる「戦旗派」というのをつくりました。しかし、私は大衆運動は好きなんですが党派闘争は苦手なんです。

出てきた後、党派間の内ゲバ的状況が続いていましたので憂えていましたところに、72年の連合赤軍事件がありました。これはもう学生運動のレベルではないと判断して、やめようと思いました。しかし当時私は、「日本反帝戦線」議長という役についていまして、すぐ辞めるわけにいかないんですよね。みんなに「戦え！」とアジっていながら「わたし辞めます」というわけにいかない。ただ幸いにも、当時東大安田講堂事件の判決、刑期2年6か月が出ましたが、それで控訴していたんです。「控訴を取り下げれば刑務所に入れるな」ということで、控訴を取り下げて刑務所に逃げ込んだわけです。

満田　いま、いろいろな党派の名前が出てきましたが、会場の方のほとんどはおわかりになっていますね。

マイクを浅野さんにお渡しします。

うかがうところによると、運動の中で人生のパートナーも決められたそうです。「運動は人生の決め手であった」ということだと思うのですが…。運動はその後の人生にどのような影響を与えたのか、それをお話しいただけますか。

浅野　家内も同じ医者ですから、貧しい人々のために医療に人生を捧げようと、一緒にやってきました。いちばん寂しく思うことは、その後の学生運動が、70年代に内ゲバの時代に入るんですね。こんな残念なことはないんです。二度とこんなことは繰り返してほしくないと思います。「別個に歩んで共に撃て」という統一戦線の論理がありますので、それを守って、現在の人たちにも仲良くやっていける時代を新しくつくってほしいな、と思います。

満田　米田さん、長い獄中生活を経験され、「その後は普通の市民生活」とおっしゃっていましたが、学生運動があなたの人生にどのような影響を与えたか、お話いただけますか。

米田　60年代末から70年代初めにかけてのいわゆる新左翼の運動と、全共闘運動は明確に分けて考える必要があると思います。確かに新左翼のベトナム反戦運動が、街頭闘争というかたちで闘われることによって全共闘運動をつくり、その中心に新左翼がいたかと思うのですが、それと全共闘運動は違うんだと、はっきり確認しないといけない。日大とか東大とかの全共闘の中には、ノンセクト・ラジカルという部分が生まれて、そこから新しいかたちの運動が始まったと思うんです。

例えば、サブカルチャーと言われる新しい文化を生み出したり、また宇井純さんの公害原論に基づいて公害問題に鋭い問いを投げかけたり。いま、ドクターの浅野さんからもお話しがありましたように、闘いの流れの中から地域医療の運動が興りました。連合赤軍のマイナス・イメージで全共闘運動を見るのではなく、全共闘運動は独立した運動としてみてほしい、積極的に評価してほしいと思います。私は新左翼運動を72年で終えています。新左翼運動は学生運動の根を摘み取りました、根っこまで切ってしまった。私は、新左翼運動を評価していません。

満田　お持ちになっている『続・全共闘白書』をご紹介ください。最後に、若い世代へのメッセージを出していただく予定だったんですけど、この会場に見当たらない若者にメッセージというのも、どうかなと思いますけど（笑い）。いまの若者に「言いたいこと」とか「物申す」でも結構ですから、一言どうぞ。

米田　若者へのメッセージというのは難しいですね。私は明治で自治会運動をやっていました。大学における自治会の存在は、すごく大きなものがあると思います。ところが70年安保を過ぎた後、自治会がほとんどなくなりました。そういう意味では学生自治の灯を消してしまった。そういうことを若い人にお詫びしたいと思います。どうもすみませんでした。お詫びの代わりに、いま自分がやっている活動の報告をします。

２０１１年2月に「伊達判決を生かす会」の土屋源太郎さんを呼んで「明大土曜会」を開きました。「明大土曜会」は偶数月の第一土曜に開いており、この6月6日に57回目を開きました。明大で学生運動をやった人の交流の場、まあサロンみたいなものです。時々ゲストをお迎えしてお話を聞きました。原発事故後に、反原発運動のテント村村長だった淵上太郎さんを講師に呼んだり、国際学連にいらした石井保男さんもお呼びしました。石井さんは「久しぶりにおいしい酒が飲めた」とおっしゃってくださいました。２０２２年に監獄から出てくる重信房子の支援活動も長きにわたってやっています。あと2年です。

これからも体と相談しながら活動を続けていきたいと思います。『続・全共闘白書』は去年の暮れに出版しました。今日受付のところに置いていますので、もしよかったら手に取ってみてください。情況出版発行です。

浅野　私は地域医療というより、いまは高齢社会ですから、住み慣れた地域で老人が安らかな生活を送ることができるように、チーム医療をやっていきます。ご協力してください。

満田　ありがとうございました。お話の中に重信さんのお名前なども出ましたので、お聞きしたいこともいろいろありますが、時間になりましたので終わらせていただきます。

若き日の活動、そして現在のご活躍をお話いただきましたお二人に、みなさん拍手をお送りください。（拍手）

満田康子（みつだ やすこ）■早稲田大学政治経済学部卒業後、出版社編集部。現在はウイメンズ・アクション・ネットワーク（ＷＡＮ）にかかわり、「ミニコミ図書館」「女の本屋」を担当。

第2部　高橋源一郎（作家）

演題　語り継ぐコミュニケーションとは
NOを言わない若者、YESがあいまいな若者

PROFILE■1951年（昭和26年）、広島県生まれ、大学紛争時代の69年、横浜国立大学経済学部入学。小説家、文芸評論家、明治学院大学名誉教授。日本のポストモダンを代表する作家、著書多数。三島由紀夫賞、谷崎潤一郎賞をはじめ、数々の文学賞を受賞。昨年、NHK放送文化賞。ハイカルチャーから大衆文化、人生相談から競馬評論まで、超人的な活躍。4月からのNHKラジオ新番組『飛ぶ教室』が人気。

高橋源一郎です。よろしくお願いします。僕の講演をこれまでに聞かれた方はいらっしゃいますか？（約30人ほど挙手）。結構いらっしゃる、やばいな、同じこと言えないな。（笑い）

僕の講演は初めに「トリセツ」*を言うんです。慣れていないとむかつくかもしれません。要するになかなか本題に入らない。気が付いた時にはもう終了時間が迫っている。普通なら次があるからいいじゃないか、となるんだけど、次がなさそうな人が……。（笑い）

今回は特別バージョンでいかないといけないかな。私には得意技があります。何かというと、会場の人の平均年齢が一瞬で分かることです。平均年齢は何でわかるか？　髪じゃないんです、「服の色」です。服の色が地味じゃなく、派手な色が混在している場合はかなり高齢だと思って間違いないです。というようなことを言っているうちに1時間終わって怒られるんです。（笑い）

それからもう一つ、「文学」です。この会場にいらっしゃる方より、年齢が少し上の人たちの会に招かれたことがあります。「野間宏の会」*。ちょっと聞いていいですか。野間宏を知っている方、手を挙げてください（約半数が挙手）。ああ、かなり挙がりました。いま日本で「野間宏を知っている人？」と聞いて手を挙げる人は1％に満たない。きっと野間宏は草葉の陰で泣いているかもしれない。「野間宏の会」に2度呼ばれ、講演をさせていただきました。2回目の時に晩年の作

＊トリセツ
取扱説明書

＊野間宏
一九一五～一九九一。小説家。左翼運動と戦争体験から『暗い絵』を書き、第一次の戦後派の先頭を切る。『真空地帯』『わが塔はそこに立つ』、長編『青年の環』などがあり、狭山事件裁判の真相究明にかかわった。

品『生々死々』の話をしました。読んでいたのは編集者と僕くらい。8年くらい経って、突然「校正しろ」と、その時の講演ゲラが送られてきたんです。なんでそんな前のをと思ったら、野間宏の生誕百年を記念して、めでたく「野間宏の会」を終了するということでした。物事には終わりがあるんですね。物事が終わっていく中で、どうするかということですね。

僕に与えられた講演タイトルは『NOを言わない若者、YESがあいまいな若者』です。改めて見てみて、いま、そういうことが僕に求められているんだなと思いました。基本的に政治の話はしたくない派ですが、そんなことを言って今日ここへ来るわけにいかないので、するつもりです。その前に、いくつか話が遠回りしますが、言うべきことを言わないでおくのは困るので、今回は先に言いたいことを全部言ってしまおうと思います。

一つ、若者のことですね。先ほどラジオ番組の紹介をしていただきました。8年間NHKで『すっぴん！』という番組の月曜レギュラーに出ていて、それがこの3月終了して、4月から新しく金曜の夜に、僕の名前が冠についた『飛ぶ教室』というのを始めています。これもレベルが高いので、ぜひお聴きください。ラジオ番組の最高峰を目指して、いまやっています。

いまはコロナ禍ということで、集会はだいたいできない状態です。しかし、本日の講演会、よく開催したよね。絶対やらないと思って別の予定入れてたんですけど、やるというので、主催者の頭はおかしいんじゃないのと思って……（笑い）。ある種のイリーガルな強行突破、さすがです。みなさん気を付けてください、若い者は大丈夫、80歳以上の致死率が異常に高いので命がけで来ている、頑張ってください。僕も人のこと言っていられませんけども。

それで、ラジオをやっていますが、コロナ禍ということでリモート放送を2か月、「スカイプ」を使って自宅の仕事場から番組をやったんです。聞いていいでしょうか。今回のコロナ禍があって、「Skype や Zoom、Teams」*というリモートソフトを初めて使った方は手を挙げてください。おお、けっこういる、大丈夫90まで生きられますよ（笑い）。前から使っていた方は？（挙手あり）。だからここへ来られるくらい元気なんですね。

僕は今回初めて使いました。使ってみてびっくりしました、いいですねあれ。僕は去年3月に明治学院大学を定年退任したのですが、諸般の事情でまだゼミを持っております。あまり大きい声では言えないので秘密にしておいてください。大学を辞めると当然ゼミを持てないのですが抜け道があって、3年生だったのが4年生になったのを1年間は教えられるというのが大学で認められているんです。それを今年3月まで1年間やりました。そしてもう1年、2年生に最後まで面倒みるって約束してしまったんです。僕は明治学院に15年勤めていたのに規則

＊Skype、Zoom、Teams
Skype はマイクロソフト社が提供するオンライン通信サービス。利用者は無料でチャット、音声通話、ビデオ通信ができる。グループでの通話も可能。テレワークによりビジネス利用が高まっている。Zoom や Teams も同様の機能を備えている。

を覚えてなくて、去年の春頃ゼミ生が「先生、私たち教えてもらえないよ」って来たんです。なぜなら規則だから。仕方がないので、他のゼミの先生に所属しつつ僕のところで教えています。これがバレるとヤバイんです（笑い）。本当は僕の仕事場に呼んでやる予定だったんですが、コロナ禍でできないので、仕事場からリモートゼミをやってます。そうしたら大学のゼミ室で教えているよりいい感じです。なぜだと思いますか。みんな家、ホームにいます。学校は学生にとってはアウェイなんです。それはそうですよね、学校が嫌いだからストライキやってたんだから。学校が好きな人います？　人間だいたい学校が嫌いですよ、先生やってってそんなこと言えないんですけどね。どこか「嫌だなあ」という感じ、アウェイ感がつきまとう。ところがホームにいる。パソコンに出ている彼らの顔がみんないい顔、普段学校で見せないいい顔をしている。僕のような自由なゼミでも学校はアウェイだったんだなと思いました。

僕らの世代は大学解体運動をやってたんですが、コロナ禍の脅威で大学はあっさり解体しちゃった。もはやコロナは「同志」です（笑い）。こんなことを呟くと大炎上してしまいますが……。ぜひコロナに関わる話もしたいと思いました。

時代を象徴する病気というものがある。長らく結核の時代があった。結核というのは若い人が罹るものです。そして若死にしていく。「結核時代の美学」は「若者が死ぬ」ということです。僕などもそういう文学に親しんできた。「結核時代の死生観」というのがあるんです。結核になって、若くて美しいうちに死んでしまう。それと貧乏人が死ぬ。若くてかわいいか、貧乏人が死ぬのが結核、そういう美学になる。明治の文学はみんなそうです、石川啄木*とか。おっさんは死なない、死んでも無視される、美学の問題だから（笑い）。

長く結核の時代が続いた、そして次にガンの時代。ガンは年取った人が死ぬ。しかしあまり年取るとガンにならない。ガンは細胞分裂なので年を取ると細胞も分裂しないいんです。みなさんはもう大丈夫、もうここまで来たらガンの方が逃げて行きます（笑い）。ガンはある意味、成熟した大人、働き盛りが罹るんです。そういう人間がガンに侵されて家族が悲嘆にくれる、というのが「ガン時代の美学」なんです。ガンに侵されると人は死ぬから、ガンは死のイメージ。他の病気の死因が忘れられてしまう。

結核の時代からガンの時代、それから一時的にエイズの時代があった。これは同性愛の人を中心にセックスで移るから、セックスがヤバイということでしたが、結局は薬が発達して、エイズは治らないけど死なないという病気に移行した。これから心配なのは脳溢血、心臓病とか、血管の問題。そして、その先は何かと思っていたところにコロナが来た。

人間に死をもたらす大きい病気というのは、時代を象徴し、死生観に影響を与

＊石川啄木
一八八六〜一九一二。歌人、詩人、思想家。明星派の詩人として世に出る。北海道を放浪の後、上京。朝日新聞の校正係となるが窮乏の生活は続き、肺結核で死去。歌集『一握の砂』『悲しき玩具』、詩集『呼子と口笛』など。

えます。つまり社会に対する感覚が変わる。だから今回のコロナのことをじっくり考えたら、大きなテーマになると思います。

結核の時代があって、ガンの時代があって、エイズの時代があって、いま病気に関する死生観がないんです。ここに感染症としてのコロナが来て、老人の致死率が異常に高いとかいう特徴がいくつかあり、僕は今いろいろ考えています。これは人間社会が送り込んできたのではないかとかね。僕も「新型コロナウイルス」のことはよく知らなかったのですが、ここ数か月ずっと研究をしています。近々、僕の勉強の成果として本が出ます。これは「感染症」という非常におもしろいテーマになる病気だということです。

感染症には昔ペストがあり、コレラがあり、スペイン風邪があった。病原体は変わるんですが基本的なヒトへの感染は変わらない。簡単に言うと「文明の病」です。社会が発達するとその度に生まれてくる病気。感染症の病原体としての細菌とウイルスは大昔からあった。でも流行らなかった。なぜ流行ったかというと、文明が生まれ、農耕が始まって、家畜を養うようになって、動物にあった病気が人間に移った。専門家は、いま「何パーセント感染」という話をして、もうそれ以上移らないという話をしています。その文明の中で終息する。普通は。ところが人間の交流があると隣の文明に移っていく。ペストもコレラもシルクロード経由です。侵略の道筋と感染症の道筋は同じ。これは文献を読んでいるとすごくおもしろいです。19世紀までの歴史で、一番たくさんヒトが死んだのはペスト、コレラです。20世紀になってスペイン風邪が１９１４年から17年にかけて流行った。これは完全に第一次世界大戦の時代と符合します。第一次世界大戦の戦死者よりスペイン風邪の死者の方が多い。誰が運んだかというと兵士。兵士が移動するに従ってスペイン風邪もいっしょに移動していった。文明が発達して、侵略、戦争、交易と一緒に感染病原体がついていく。ですから今回のコロナはグローバリゼーションの発展によって、あっという間に世界に拡散した。いま私たちは、文明によって発症する病気の最前線形態の最中にいる。そういう勉強ができる時代に生きていてよかったですね。

ラジオの話に戻ります。コロナのおかげでリモート放送、すごいですね。僕は今回初めて導入しました。ワープロを使い始めたのが１９８４年なのでとても早かったのですが、パソコンは遅れて、あまりＡＩ技術を使ってなかったので、今回のリモートワークもまったくできなかった。どうしたかというと息子に手伝ってもらいました。

長男が３人います。１人目が今年44歳、２人目が20歳、３人目が15歳。３人目の長男に手伝ってもらっています。彼にすべてをセッティングしてもらい、つつがなく家からラジオ放送をしました。すごいですよ、今15歳のその長男は、いわゆるデジタルネイティブ。生まれた時から iPhone がある。みなさんは電話をかける所作をするとき、指でダイヤルを回す動作をやりませんか？　下の世代は、そういう動作を見るたびに不思議な顔をするんです、「何やってるのそれ？」と。ダイヤル電話は最早この世にないんです。耳に受話器を当てることも少ない、今はイヤホンを耳に付けたりしますからね。びっくりしたのは、iPhone が出だしの頃ですかね、iPad でいいのかな。僕の妻の母、僕と同い年で、長男にとっては祖母、おばあちゃんの iPhone にゲーム料が課金されている。知らないうちに祖母の iPhone の通信料からゲームのお金が取られてる。長男に「どうしたの？」と聞いたら、すごいですよ、自分でダウンロードして、祖母の口座から引き落としてゲーム代金を払ってもらったって。「どうやってやったの？」って聞いたら、「何となく」って。6歳の時です。お祖母ちゃんが横で動かしているのを見て、指の動きでパスワードが分かるので、やっているうちにできちゃった、と。

今日お話しようと思っていたテーマに、世代間のギャップの問題があります。みなさんは私の世代の諸先輩方ですね。団塊の世代よりさらに上の方が多いと思います。60年安保世代、そのあたりでしょうか。先ほど、野間宏をほぼ全員が知っていたでしょう、若い人にそれを言ってはだめですよ、頭が変な人だと思われますから。（笑い）

僕の母、僕の24歳上なので、生きていると93歳です。『この世界の片隅に』の主人公・すずさんと同じ歳です。原爆投下からギリギリ逃れた母です。僕が作家になってから毎晩のように電話をかけてきた。夜中の1時頃かけてくるんです。「なーに?」って言ったら、「*ゾラの『居酒屋』読んだ?」と聞いてくる。「読んでないの、ゾラ読まないで作家になれるんだ」と言ってガチャンと電話を切る。そして次の日また電話があって、

「*モーパッサンの『脂肪の塊』って読んだ?」

「いやー、まだ」

「モーパッサンを読まないで作家になれるんだ」、ガチャンと電話が切れる。

3日目「*ジッド読んだ?」、

「1冊くらい読んだかな」

「1冊しか読んでないの」、またガチャンと切れる。

このオバサン何言ってるんだろうと思ったんですが、母親は文学少女ではあったんですよ。つまりその世代の人にとっては、エミール・ゾラとアンドレ・ジッドとモーパッサンは必読小説だったんです。だから読まないで作家になるってのはおかしいと思っているんです。

僕は考えました。さっき、みなさん野間宏知っていると言ったでしょう。ところが、僕のゼミの学生は一応僕に教わろうと思って来てるんですが、「*大岡昇平、誰?」「野間宏、誰?」「*島尾敏雄、誰?」。すべてWho are you? です、そ

＊エミール・ゾラ
一八四〇〜一九〇二。フランスの小説家。出版社勤務後、『テレーズ・ラカン』を発表。以後、自然主義を唱え、その実践として『居酒屋』『ナナ』『ジェルミナール』などがある。反体制の姿勢を堅持し続けた文学者。

＊モーパッサン
一八五〇〜一八九三。フランスの小説家。フローベルに師事、処女作『脂肪の塊』で文名を確立。フランス自然主義の代表者。代表作に『女の一生』『ベラミ』『ピエールとジャン』など。生来の厭世観を持ち続けた。

＊アンドレ・ジッド
一八六九〜一九五一。フランスの小説家、評論家。マラルメ、ヴァレリーらの感化を受ける。『パリュード』『地の糧』『背徳者』『狭き門』『法王庁の抜け穴』などを発表。一九〇九年に「NRF」誌を創刊。一九四七年ノーベル文学賞受賞。

れらの名前を全然聞いたことがないのです。「椎名麟三*？　あっ知ってる、椎名林檎のお父さんでしょ」です。僕が「吉本ばななのお父さんが吉本隆明*だからって、バナナだからリンゴというわけじゃないよ」と教えてやる（笑い）。笑い話になるくらい読んでないんです。スタンダール*の『赤と黒』を知ってるかどうか、50人に聞く問題を別の機会でやったんですけど、ゼロでした。「スタンダール？それ何ですか。ホラー小説？」という答えが返ってくる。でも、「今の子は読まない」と思ったらだめです。これを言おうと思って、実は自戒を含めて申し上げます。われわれにとって読んでいることが常識の本を読んでいなくても、今の子は別の本を読んでいるということです。

私たちはどこかで「自分より下の世代はモノを知らない」と思いがちです。これははっきり言って間違っています。先行世代の犯しやすい最大の過ちです。僕の座右の銘にしている言葉がありまして、鶴見俊輔*さんが京大の先生になった時、同僚に多田道太郎*さんという人類学者がいたんです。多田さんは鶴見さんに「君、若い人は僕らにはない貴重なものを持っているから、耳を傾けなさい」とおっしゃったそうです。「年上の方はほっといていい」と。「若い人の言うことに耳を傾けろ」と言われた時に鶴見さんはハッとして、「自分はそういえば驕り高ぶっていた」と思ったそうです。

＊大岡昇平
一九〇九～一九八八。小説家。スタンダールの研究、翻訳で知られていたが、戦後、捕虜体験に基づき『俘虜記』を発表、以後『武蔵野夫人』『野火』『花影』『レイテ戦記』など。交流のあった中原中也の研究も知られている。

＊島尾敏雄
一九一七～一九八六。小説家。一九四四年、第18震洋隊の指揮官として加計呂麻島に駐屯。島で出会った大平ミホと結婚。戦争体験を描いて作家としての地位を築く。主な作品は『出孤島記』『死の棘』『出発は遂に訪れず』『日の移ろい』『魚雷艇学生』など。

＊椎名麟三
一九一一～一九七三。小説家。戦後、実存的なテーマの『深夜の酒宴』『重き流れのなかに』が認められ、戦後派文学の代表作家と目された。『永遠なる序章』『自由の彼方で』『美しい女』など。

僕は大学の先生になった15年前、1回目の授業の時そのことを思い知らされました。学生が「先生、新書ってなんですか」って言うんです。「やばいな、こんなとこで教えるのかよ」と思いました。これ、よく話すエピソードなんですけども、1回だけゼミをやって解散しようと思い、1回目に「次回までにドストエフスキー*の『白痴』、新潮文庫で900ページを読んでくるように」と言ったんです。もう絶対誰も来ないだろうと思いましてね。そうしたら翌週、風邪をひいていた1人の欠席を除いて、全員が出席した。「どうだった?」と聞いたら、「先生、ドストエフスキーって、やばいね」です。僕は「やばい」という言葉を「肯定の言葉」として初めて聞きました。どうもいい意味で使っているらしい。

「あの人たち、みんな熱いじゃん、超おもしろかった。一つだけ嫌なのあった」

「何が?」と言ったら、

「名前、長すぎない?」

「あれは原稿料稼ぐためだから」と返し、言い合った時に、彼らは「読解力はある」と思いました。そのあと小林秀雄*の評論集を読ませた時に、僕が推薦した本について「超やばい」という感想が返ってきた。「おもしろくなかった?」と聞いたら「あの人威張ってない?」と返ってきた。「小林秀雄は威張っている」、これは本質的批評ですよ。

＊吉本隆明
一九二四〜二〇一二。詩人、思想家。60年安保時は全学連主流派と「行動」を共にし、し、6月行動委員会を組織。多数の著書があり、戦後最大の思想家とされる。代表作に『言語にとって美とは何か』『共同幻想論』『心的現象論序説』『夏目漱石を読む』などがある。作家・吉本ばななは次女。

＊スタンダール
一七八三〜一八四二。フランスの小説家。ナポレオンのイタリア遠征に参加してイタリアの魅力を知る。ナポレオン没後、イタリアに住んだ後パリに戻り、小説『赤と黒』を発表。自伝『エゴチズムの回想』『パルムの僧院』、評論『恋愛論』など。作品はリアリズムの先駆、近代小説の傑作とされる。

その時代にはその時代の水準とか価値があります。大きな波は30年くらいで移動します。60年安保の世代と僕ら70年安保の世代とでは違いがあります。僕らは60年安保世代の影響を受けた口です。66年の終わりから67年にかけて、60年安保について勉強していたんです、一時期ね。その時、確かに違和感があって、この人たち真面目過ぎるなと。こんな政治ばかりやってて大丈夫かって思った覚えがあります。ご存知のように、その後68年・69年以降、全共闘運動というのが起こり、僕はちょうどその真ん中にいて、いまでもあまり言えないようなことがあるんですが、やはり文化の違いですかね。30年、40年の大きい周期、それから10年くらいの小・中期みたいのがあって、同じ世代の人たちが見ている本や言葉を社会が共有しているかどうかで、世界の見え方が違う。

今でもよく覚えているんですが、ぼくは69年入学組で、全国のほとんどの大学がバリケード封鎖をしている。バリケードの中に入学したんですが、その時の大学には、もう全共闘ができていました。僕らが51年生まれの1年、そこから1学年上の50年生まれとは仲がいいけど、49年生まれの3年生とまったく話が合わない。「宇宙人みたい、この人たち」という感じです。なんていうか、3年生は一言で言うと超まじめ。僕たちが60年世代に感じたものが、69年に3年生の48年世代まで続いています。そこで明確なこと、誰も言ってないと思いますが、2年生

＊鶴見俊輔
一九二二～二〇一五。哲学者。一九四六年、都留重人、丸山真男、南博らと「思想の科学」を創刊。六〇年安保闘争では竹内好、丸山真男らと共に知識人の中心的役割を担う。六五年には小田実らと「ベ平連」を結成。著書に『限界芸術論』『戦時期日本の精神史』など

＊多田道太郎
一九二四～二〇〇七。フランス文学者、評論家。著書に『ルソー研究』（共同研究）、『複製芸術論』『しぐさの日本文化』など。

＊ドストエフスキー
一八二一～一八八一。ロシアの作家。19世紀ロシア文学を代表、人間の内面の矛盾を追求。処女作『貧しき人々』で作家として出発。社会主義者のグループに参加したかどで死刑の宣告を受けるが執行直前に特赦、シベリア流刑。ペテルブルグに帰還後、『死の家の記録』などを執筆。以後、『罪と罰』『白痴』『カラマーゾフの兄弟』など。

と3年生は仲が悪かった。僕らに対して、2年生は初めて「話せる人間が来た」ことになるわけです。これは文化の共有の仕方です。政治運動も楽しんでやろうというのが1、2年。「バリケード封鎖のためのビートルズ」という集会をやったんです。そしたら3年が怒ってね、冗談が通じない。これが小さな断層です。大きい断層は30年くらいある。こういう断層の変化を通じて一緒に理解できない、2年くらいの差でも理解できないんですよ。

ところが僕が教えている2005年に18歳、1987年生まれの子たちは、すごくわかりやすい部分もありました。ということは、通じ合える同じ部分に目を付けるか、通じ合えない違う部分に目を付けるかの違いです。これは、保守的になるとあらゆる政治運動、あらゆる社会運動、あらゆる人間活動に通じている一つの構造ですけど、違いによって排除するということがある。苦労しました。国家から一軒の家まで「違いによって排除する」なんです。この問題って、違いではなく、同じところを見ればいいのではないかということなんです。

これができるためには年上の側が近づいていくしかない。若者には年上の自分たちにないものがあるから耳を傾ける、教えてもらうことです。年取ったらいちばん大事なのは「教えてもらうことができるかどうか」です。若い者にすぐ教えようとするでしょう。それはダメ。教える人は嫌われる。「教えて」と言われるとうれしくないですか。

***小林秀雄**
一九〇二〜一九八三。評論家。東大在学中、富永太郎、中原中也らと交遊。『様々なる意匠』で文壇に登場。以後、文学、美術、音楽、哲学と広い分野の評論活動を行った。『無常といふ事』『モオツァルト』、戦後は『近代絵画』『考へるヒント』『本居宣長』など。批評を独立した文学に高めたと言われている。

さっきお話した私の息子は15歳で、僕の54歳下なんです。長いあいだ僕のことを祖父だと思っていた。「パパっておじいちゃん？」と聞かれて「どっちがい い？」ということになったんですが、その15歳の彼を見ていると、われわれとまったく違った知の世界を持っているんです。最新のアニメとかめちゃめちゃ見てる。「このアニメなに？」って聞いたら3時間くらい喋ってる。アニメのこと尋ねたら配信で見られるというので見始めたら、副音声のように横でずっと解説してくれる。若い人たちがいる場所というのは、時代が細胞分裂している、若い人たちは細胞分裂して本能で新しいものを取り入れているのです。

僕は自分の知らない世界を子供たちから取り入れています。無理して取り入れる必要はないんですけど、しかしおもしろいものもたくさんあります。これはすごいといちばん驚いたのはゲームで、「アンダーグラウンド」というのがあります。これは昔のファミコン並みの絵で、もともと音楽をやっていた人がゲームを考えたのかな？　それでゲーム音楽にもヒットチャートがあります。一時期ベスト100のうち70曲がここから出たという。みなさんもパソコンでゲームをやったことありますよね。普通に敵を倒していくゲームです。その中に「攻撃をしない」という選択肢があるんです。「笑いを求める」ってことなんですね。これには衝撃を受けました。普通ゲームは「攻撃」でしょう、「攻撃しない」があると「何で？」ということになります。「おれを騙そうとしている」、いやいや「無駄な攻撃はやめよう」と。そうやっていくと、これは「倒して強くなっていく」のではなくて、道筋というかストーリーが分かれていって、「和解を求めて」いった場合の選択なんです。何か新しい世界が見えました。これは若い人しか知らなかった、これはすごいと思いました。というように僕たちは教わることができます。

教わるということは実は能力なんです。教えるのは能力じゃないんです。言っておきますが、本読んで言えばいいんですよ。教えるのは誰でもできる。でも教わるのは「柔軟な心、受け入れるマインド、消化吸収する能力」。教わる方がはるかに高難度な能力を要する。今の子は教わる能力は持っていますね。私は大学で14年教えましたけど、学生たちに教わったことの方がはるかに多い。そう思って付き合うと僕の言うことにも耳を傾けてくれる。こっちが教わる気持ちでいるからね。教わる気持ちがないと、向こうも聞く気がしない、そういうもんですよ。この先生威張ってるなと思ったら耳閉ざしちゃう。僕は何でも聞きます「何それ、教えてよ」と。「うざいな」と言いながら教えてくれますよ。「僕だって知ってるよ、教えてあげるよ」ということです。

僕は今年69歳になりましたけど、ますます教わろうと、家では14歳の子供に教わっています。「パパは本当にセンス悪いな」と言われたら、「はい！」って。A

Iとかソフトに関しては彼らに聞きます。音楽もヒップホップなんかもおもしろい音楽なんです。僕が10代だったらやってますよね。

「本屋の文庫理論」と僕が呼んでいることがあります。本屋には文庫の棚がありますよね。特にたくさんの著作が並んでいる作家の棚があります。昔でいうと石坂洋次郎*、新潮文庫でピンクか黄色かな。ところが、いま石坂洋次郎は1冊もない、『青い山脈』すらない。岩波文庫にもない。どうなったかというと、あの棚は全部、五木寛之*に変わっちゃった。青春文学はいま五木さんになっているんですね。重松清*の本棚もある。作家として、これはすごい発見をしたと思っています。

作家には固有名詞の人と普通名詞の人がいる。普通名詞の人は何十年周期でガラガラ変わるんです。その時代の誰かに替わるんです。漱石や太宰は固有名詞。それは変わる人がいないから。ほとんどの作家は変わる。逆に言うと、その時代の若者にとっての「誰か」がいる。例えば「これは、あの頃の柴田翔*だよ」、『されど我等が日々』だよ、というわけ。僕らには分かるけど、いまの若者にとってはチンプンカンプン。柴田さんも普通名詞だが、作家にとっては悲しいことではない、普通名詞になれただけでもグッドですよ。普通名詞にもなれない人もいる。しばらくの間は第一線にいて、次のジェネレーションに取って代わられる。それ

＊石坂洋次郎
一九〇〇～一九八六。小説家。教職時代に『若い人』を発表、戦後『青い山脈』『石中先生行状記』で国民的人気を得る。他に『暁の合唱』『丘は花ざかり』など。

＊五木寛之
一九三二～。小説家、随筆家、作詞家。『さらばモスクワ愚連隊』でデビュー。『蒼ざめた馬を見よ』で直木賞受賞。その後、『青春の門』『朱鷺の墓』『戒厳令の夜』『四季・奈津子』など多数のベストセラーを生んだ。

＊重松清
一九六三～。小説家。一九九一年に『ビフォア・ラン』でデビュー、『ナイフ』で坪田譲治文学賞、『エイジ』で山本周五郎賞を受賞。現代の家族を描き、話題作を次々に発表。

＊柴田翔
一九三五～。小説家、ドイツ文学者。六四年、学生運動を描いた『されどわれらが日々―』で芥川賞を受賞。『贈る言葉』『鳥の影』など。

を越えて永遠に残る人もいます。そのようなことはあらゆる世代の局面、政治、社会運動の局面にもあると思います。

運動の話に触れようと思います。60年安保があって70年安保がありました。数年前にも安保闘争がありました。その時ご存知のように、「シールズ」という学生運動がありました。これは本当に偶然だったんですけど、創始者は僕のゼミ生だった。中心メンバーの一人が奥田愛基くんで、僕は大学入試の時の面接教授でもありました。僕は忘れてて、彼に言われて思いだしたんです。すごい面接だったけど顔は覚えてない。大学入試でいろいろ面接やったんですけど、彼がいちばん異彩を放ってました。どういうことかと言うと、彼はAO*だったので5～6分が定められた面接時間で、もう一人の面接教授はオラウータンの研究をやっている勝俣先生でした。研究すると体形が似るといいますけれど、オラウータンみたいに、すごいんですね。2人で座っていたら彼が入ってきて、「チワー！」って言ったんです。普通「よろしくお願いします」でしょう。普通の先生は怒るけど、僕と勝俣先生は喜んじゃった。「いーねー！」、もうそれだけで合格みたいな。「それで得意なのは何？」と聞いたら「カレーを作ること」という答えが返ってきた。勝俣さんはオラウータン研究でしょっちゅうアフリカに行ってて、自炊して「カレー」を作っているんですね。カレーのことで12分くらい盛り上がって、「その

*AO
admissions office

材料はアフリカには無いから無理」とかね。教務の人が入ってきて「いい加減にしてください！　いつまでやってるんですか！　外で聞いてたらカレーの話ばかりじゃないですか！　これは面接ですよ！」って。そこで奥田くんは帰っていったんです。

ご存知のように、彼は「シールズ」つくるんですけど、ある夜、僕の研究室に来て「ちょっと先生、むかし学生運動やってたんでしょう?」と聞いてきた。

「なんか、運動しようと思うんですけど、分からないんですよね」

「自由にやればいいと思うよ。どうやってるの?」

「グーグルでデモを検索して、いろいろあるんですよ」

「フランスデモ*？　それやらない方がいい。火炎瓶いきなり投げない方がいいな」

というふうに言って、僕はできるだけアドバイスはしないようにしていました。その上で人の言うことは聞くなと言いました。いろんな人がいろんなことを言うが、好きなことを好きなようにやっていい。どうせ親切な人も反対する人もいろいろ言うだろうけど、全部無視していいから。僕のアドバイスはそれだけ。そしたらああいう風にやりましたね。話していて、この子は信頼できるな、ちょうど僕が活動始めた頃の優れた活動家と同じメンタル、すごく自由な感じ、これを持っている人はなかなか少ないんです。これは時代とは無関係だと思います。人の

＊フランスデモ
人々が手をつないで道路いっぱいに広がって行進するデモンストレーション。日本では六〇年安保闘争で初めて行われた。

話をよく聞いて、その上で自分でよく考えてやる。われわれが口を出してはダメ。われわれができることは、教えることではなくて教わることなんです。シールズは、毎日のようにすごく変わっていく。組織のあり方も僕らが求めていたように完全にアナーキー、すごいですよ。連絡の仕方も全部ライン。何かをモデルにするというのではなく、本能的にいいなと思うものに突き進んでいる。大事なのは何がいいかというアンテナですね。これは僕たち自身にも言えることです。

繰り返しになりますが僕は69歳になります。いま考えているのはアンテナをどうやって錆びないようにするかです。70歳代後半、80歳代に入ると、ほとんどの人が「もうそろそろ……」「まだこれから……」。実を言うとこの間、重大な決断をしました。僕は作家ですから当然たくさんの本を持っていましたが整理しました。いま倉庫に入れています。本は読むためにあるんではなくて、積んでおくためにあるんです。いつか読む、自分が読もうと思った確認のためです。今回過去の本はもう読まないことにしました。これからは全部、読んだことのない分野、やったことのないジャンルのことだけやろうと思いました。というのは教わるしかないんです。あと毎年一つずつ新しいことをやる。

今年アラビア語をやっています。アラビア語で書かれたイスラムの根本聖典『コーラン』を原典で読もうと思って。もう基本的には新しいジャンルの新しいことをすると。そして、それに詳しい人に聞くというふうにして死んでいったらいいのではないか。これは文化の伝承というか、旧世代が新しい世代に残すことも考えた時に、教えるということではない、ということです。先ほど僕の書いた「思想の後ろ姿」という話が司会の方から出ましたが、学ぶってことは先生の「後ろ姿」を見て学ぶのです。「後ろ姿」というのは、吉本隆明が言っていることだけを指すのではない。「こんな風にして、わたくし吉本は考えていた」という「後ろ姿」です。これは情報化された吉本の理論や思想のことだけではないのです。例えば「彼は哲学的、政治的に深刻なことを書いていたあの時期に、ちゃんと子育てして絵本を読んでやっていた」ということ。ばななに絵本を読んでやっている頃に書いていた、ということ。これはいいなと思ったんです。こういう人は信頼できる、「後ろ姿」が信頼できるんです。普通は前のいいところを見せるんです。そんなのは信用してはダメですよ、僕も含めて（笑い）。

僕はあと100年くらい生きたいです。やりたいことがある。その途中で時間が足りないなあと死んでいくんですけど。これから知りたいことがいっぱいある。40歳、50歳の頃は知的に熱心ではなかった。人生も残り少なくなってくるとますます知的欲求が高まってくる。そこまでいかないと、人間なかなか気が付かない、バカだから。自分でやりたいこと見つけて学ぶ。知りたいことを聞く。知っている人に聞く。年齢が上の人に聞かれると、下の人はうれしいんです。教えてくれと言われると初めてコミュニケーションができる。コミュニケーションのとり方は下の世代に尋ねることです。その時に初めて本当のコミュニケーションが生まれるんです。あえて連帯を求める政治運動など必要ないんですね。そのためにはわれわれの中に聞きたいという欲望とか、これを知りたいという何かがないと、その質問は嘘になるでしょう。コミュニケーションをとるために質問してもバレちゃうから。共通の関心ということでは確かに断絶はある。しかしそれを超えるのは、何かを知りたいという、こちら側の欲望とそれを受け入れてくれる相手がいること。「教えて」ということです。

あらゆる社会・政治運動の根本には、このベクトルが必要であろうし、よき運動には全部このベクトルがあって、違う世代を貫くことができたのだ、と僕は信じています。みなさん教わりましょう。僕も頑張りますので。以上です。

司会　質問を受けたいと思います。たいへんインパクトのあるお話でしたが、先生に質問がありましたら、どうぞご遠慮なく。

質問者①（男性）　僕、寝てしまいましたが、手を挙げてしまいました。僕は教員をやっていました。娘は大学の先生でした。本当になかなか本論に入っていただけなかったので、本当に寝てました、ごめんなさい。

高橋　最後のところだけ聞いていただけましたね。寝てもいいんですよ。音楽でも映画でも、人の睡眠を誘うのは演出度が高いと言いますから。最後のところだけ聞いていただければ、そこに辿り着くまでは僕の人生みたいなもので、大丈夫です。

質問者②（男性）　頭が悪いせいかよく理解できなかったんですけど、「若い人に教えるのでなくて教えてもらえ」、これはよく分かりました。タイトルに『NOを言わない若者、YESがあいまいな若者』とあるんですが、これは何を言おうとなさったのか。

高橋　僕の付けた題名じゃないので…。僕の解釈をお知らせします。

僕は明治学院大学で15年間先生をやって、ゼミ生だけで350人くらい。その他も入れると数千人の学生諸君とお話をしてきました。彼らには特徴があると思います。基本的には明治学院というのは、いい意味でも悪い意味でも平均的な大学です。思ったのですが、一つはものすごく素直です、優しい。よく言われる政治的無関心というのは、もしかして積極的な言葉なのかもしれない。政治が無いんです。自分の社会をどういう物差しで考えるかという教育を日本はしない。そういうふうに過ごしてきている。たまに社会運動があった時に、それでも岩盤は動かない。これには二面性があります。政治的言論に対して拒否反応を示すんですね。そういうふうに教育が政治を遠ざける。遠ざけるようにされてきたから、これは数年で打ち砕くのは難しい。シールズの子たちは橋を架けようとしたけど、しかしこの岩盤は動かない。ただ僕はいつも言っているように、そういう事実をネガティブなものとして考えるか、ポジティブなものとして考えるかをみる必要があるんです。

非政治性というのは結晶化した存在＝政治によって動かない。ある意味で、どこの誰にも動員されないという、いいものなのかもしれない。彼らはそこまで意識していないのかもしれないけど、彼らの「ＹＥＳかＮＯをはっきり言わない」ことの中には、運命を人に決めてもらいたくない、いうなれば究極の個人主義ですね。同時に社会の中で仕事をしなければならないということの中で、いつも揺れているんです。僕は、そこに、戦後75年間戦争がなくて、曲がりなりにも定着した民主主義が持った岩盤のようなもの、ちょっともういいですけどね。これからどうなるかわからないけど、ポジティブに考えて、よきものにしていくように力を尽くせればいいなと思っています。

司会　大学構内に行ってみて、60年安保の時代と違って立て看板すらない風景に驚いて、こういうタイトルが浮かんで、それを高橋先生に押し付けたという感じなんです。いま、まとめをしていただきました。ありがとうございました。

質問者③（女性）　私は1960年に大学2年、3年でした。その世代として、いま先生がおっしゃったことはとても胸に響きました。私たちの周囲にいた多くのメンバーが、若者に伝わらないということに苦しんで死んでいった人がいっぱいいます。そういう意味で、とても示唆深いお話だったと思います。一つだけお尋ねしたいことがあります。そういう若者から教えてもらう、その若者に対してどういう授業料を先生は払ってこられたか、それを教えていただきたいと思います。

高橋　そうです、こっちが授業料を払うんです。これはとても重要なことなんです。まず伝わらないということからいきますと、作家は伝わらないということに慣れているんです。政治運動やっている人は、もっと楽観的ですよ。僕らはもっと厳しいですからね。小説書いて一行も伝わらないといつも思っているから。

政治運動やっている人は、伝わると思っているところが甘いなと思う。たぶん60年世代と70年世代の最大の違いは、70年代は「カルチャーを先に浴びて政治に入ってきた」のです。カルチャー＝文化運動というのは、人に伝わらないというのが前提なんです。政治で伝わらなくても、そんなものだと思っているから絶望しないんです。そこが60年世代は伝わるのではないか、と思う純粋さがあり、僕らからみると甘いね、ということになる。確かに伝わらないということで命落としたメンバーはいるけど、大半はそんなことでがっかりしてたら生きていけないよ、と思っている。それは批判ではなく体質の違いがある。

次に授業料ですが、「自分の生きてきたすべて」です。聞く時に全身全霊で聞くということです。教えてもらう時、コミュニケーションの中で、自分のその質問に至るバックグラウンドを語ります。そこでそれまでにどれだけ授業料を払ってきたかが問われることになります。ですから若者への授業料は「今まで生きてきたすべて」です。

司会　ありがとうございました。質疑はこれで終わらせていただきます。

閉会挨拶

実行委員会　三上　治

こんにちは。僕は１９６０年に中央大学に入学し、何回目かのデモが6・15で、振り返ると、そこから離れないで生きてきたなあという人生でした。最近は紫陽花が咲くと6・15のことを思い出します。

今年は安保闘争六〇周年で、振り返っても結論は出ず、差し当たってこういうことは言えるかな、と思う日々です。つまり、戦中派の人々が「戦争とは何か」を考えあぐねてきたのと似ているのかなと思っています。

安保闘争六〇周年記念講演会をやろうということになったのですが、新型コロナウイルスによる感染防止のために、突然、入場者を制限し、事前連絡のつく人には断りを入れることになりました。集会と言えば、おしなべていかに多くの人を集めるかに苦労してきましたが、今回のような事情は初めての経験で戸惑いました。せっかく来ていただいた方に入場お断りすることになったらどうしようと、ここ数日不安でした。しかし本日いらした方は何とか入場していただいて、講演会を実施することができて大変うれしく思います。

毎年6月15日に国会南通用門で樺さんの追悼会をやっています。今年も六〇年安保の仲間が何人も亡くなりました。その追悼も兼ねて15日にやりたいと思っています。六〇年安保は何だったのかを思い出し、再考する契機にしていきたいと思います。6月15日国会南通用門前にお集まりください。本日はご参集ありがとうございました。

挨拶&司会

開会／春原豊司
一九五九年四月早稲田大学政治経済学部入学

閉会／三上　治
一九六〇年四月中央大学法学部入学

司会／里見哲夫
一九六〇年四月早稲田大学政治経済学部入学

Ⅱ. 六〇年安保闘争・資料編

1. 1959〜60　安保改定反対闘争　2年間　年表
2. 六〇年安保闘争・関連資料
■参考文献　■その他の文献・資料　■文学　■映画
3. 文献・資料解題　1960燃ゆ　泉康子
4. パブリシティーについて

社会・文化		世界	
1/10	NHK教育テレビ開局	1/1	EEC, 正式発足 / キューバ革命、バチスタ政権を打倒
		1/8	ド・ゴール、仏大統領就任
2/1	日本教育テレビ開局		
3/1	フジテレビ開局	3/5	米、トルコ・イラン・パキスタン3国と相互援助協定
		3/19	チベット・ラサで反政府反乱
4/10	皇太子昭仁、正田美智子と結婚	4/15	ダレス米国務長官辞任
5/26	オリンピックの東京開催決定	5/11	米英仏ソ4国、ドイツ問題で会議
6/10	国立西洋美術館開館（上野）	6/3	シンガポール、英連邦内での独立宣言
6/25	後楽園球場の巨人・阪神戦を天皇が初観戦		
		8/7	中印国境紛争
9/26	伊勢湾台風,死者・行方不明者5098名	9/14	ソ連宇宙ロケット、月面到着
		9/27	アイゼンハワー・フルシチョフ、キャンプ・デービッド会談
		9/30	フルシチョフ首相、中国訪問
		10/8	英総選挙、保守党勝利
11/1	国民年金法施行	11/20	国連総会、完全軍縮82カ国決議案採択
11/2	水俣病の原因判明、漁民が新日窒素水俣工場乱入		
12/ 3	個人営業タクシー許可		
1/25	三井三池鉱業所、全山ロックアウト。三井労組、無期限スト	1/14	ソ連、兵力120万削減発表
2/1	夕張炭鉱ガス爆発、40名死亡	2/13	仏、サハラで初の原爆実験
2/7	東京の電話局番、3桁に	2/18	中南米8カ国、ラテンアメリカ自由貿易連合（LAFTA）調印

1. 1959-60 安保改定反対闘争 2年間 年表

反対運動		政治・経済	
1959年			
		1/24	自民党大会、岸信介を総裁に再選
		2/18	藤山外相、安保条約改定構想発表
3/28	総評・社会党・憲法擁護国民連合など13団体、安保改定阻止国民会議結成	3/9 3/30	社会党訪中使節団浅沼団長、北京で「アメリカ帝国主義は日中共同の敵」と演説 砂川闘争伊達判決（米軍駐留違憲判決）
4/2 4/15	安保改定反対青年学生共闘会議結成、全学連、民青同、社会党青年部、総評青年部、全青婦、全日農青年部の6団体で結成 安保改定阻止国民会議第1次統一行動	4/8	自民党7役会議、安保条約改定要綱・行政協定調整要綱を決定
6/5〜8 6/25	全学連第14回大会、ブント（共産主義者同盟）系、主導権確立（委員長唐牛健太郎） 安保改定阻止国民会議第3次統一行動		
		7/10 7/27	最低賃金法施行 自民党、原水禁大会に補助金の中止を決定
9/8 9/24	岸首相、自民党7役会議で安保改定は絶対に実行すると決意表明 黒いジェット機（米軍U2機）不時着事件	9/12	大蔵省、ドル為替の自由化実施
10/3	都学連第12回臨時大会、ブント系主導権確立	10/26	自民党両院議員総会、安保改定の党議決定
11/27	安保改定阻止国民会議第8次統一行動、2万5千人。国会構内で抗議集会		
		12/16	最高裁判所、砂川事件につき、原判決破棄、差し戻し
1960年			
1/15〜16	岸首相の渡米阻止を掲げ、全学連、羽田空港ロビー占拠	1/6 1/14 1/19	日米安全保障条約改定交渉妥結 岸内閣、閣議で新安保条約正式決定 日米安保条約・行政協定、ワシントンで調印
2/9	社学同（社会主義学生同盟）第5回全国大会、4月闘争方針決定（委員長篠原浩一郎）		

社会・文化		世界	
3/17	三池労組第2組合結成（29日第1組合員、暴力団員に刺殺される）	3/16	韓国大統領選挙、李承晩4選
4月 4/7	「だっこちゃん人形」大ヒット 警視庁、サド「悪徳の栄え・続」を猥褻文書容疑で押収	4/27	李承晩韓国大統領辞任
5/16 5/24 5/28 5/31	東京世田谷区で7歳の幼児誘拐 チリ地震津波来襲 元日本兵、グアム島から帰国 野間宏ら文学代表団訪中	5/1 5/3 5/27	ソ連、領空で米偵察機U2型機を撃墜 欧州自由貿易連合（EFTA）発足 トルコで陸軍クーデター
6/2 6/16 6/17	中村勘三郎・歌右衛門ら渡米歌舞伎が第1回公演 茅東大学長、学生デモの原因は議会制の危機にありと表明 朝日など在京7紙、「暴力を排し、議会主義を守れ」と共同宣言	6/14 6/30	ド・ゴール大統領、アルジェリア停戦提案 旧ベルギー領コンゴ、共和国として独立
7/1	東京芝浦電気（現東芝）、国産初のテレビ発売／国鉄、3等廃止。運賃値上げ	7/6 7/15	コンゴで軍隊の暴動 国連軍、コンゴに投入
8/1	東京山谷のドヤ街で3千人がマンモス交番襲撃	8/7 8/12 8/25 8/27	キューバ、米資産接収を宣言 韓国，尹譜善大統領選出 第17回オリンピック、ローマ開催 周恩来中国首相、日中貿易3原則を提示
9/6 9/10	炭労臨時大会、三池炭鉱の中労委斡旋案を条件付きで受託、闘争収拾 カラーテレビの本放送開始	9/10 9/14	ラオス内戦始る 石油輸出国機構（OPEC）結成
10/1 10/19	拠出制国民年金受付開始 東京地裁、「朝日訴訟」で現行の生活保護水準は違憲と判決		
11/2	三池争議、282日ぶりに解決	11/8 11/10	米大統領選、民主党・ケネディ当選 81か国共産党・労働者党会議（モスクワ）
12/1 12/4	戦後初の日韓旅客定期航路開設、博多・釜山間 都営地下鉄押上～浅草間開通、京成電鉄との相互乗り入れ開始	12/14 12/20	国連総会、植民地独立宣言を採択／西側20か国、経済協力開発機構（OECD）設立条約調印 南ベトナム解放民族戦線結成

蔵田計成『年表 戦後学生運動と新左翼創成の軌跡』情況出版、シリーズ20世紀の記憶『60年安保・三池闘争 石原裕次郎の時代 1957-1960』毎日新聞社

反対運動		政治・経済	
3/16	全学連臨時15回大会。ブンド系主流派、日共系・革共同系を排除	3/2	日ソ貿易長期協定調印
4/15	国民会議第15次統一行動（～26日）		
4/25	安保反対の直接国民請願、衆参両院で2万9千通、署名者190万に達する		
4/26	国民会議第15次統一行動。全学連1万数千人、国会正門前に突進。唐牛委員長逮捕		
5/14	国民会議、第2回国会請願デモ。署名1350万	5/20	衆院本会議、自民党単独で新安保条約を可決／岸首相「声なき声を聞け」と発言
5/20	日本文芸家協会、日本婦人団体連合会、ＹＭＣＡなど、強行可決に抗議／全学連、全国ストライキ、国会包囲デモ	5/21	竹内好都立大教授、岸内閣の公務員はやれぬと辞職
5/26	国民会議第16次統一行動に呼応、全学連空前の国会デモ。17万人		
6/3	全学連首相官邸突入闘争。ゼネスト支援全都総決起大会	6/16	岸首相、アイゼンハワー米大統領の訪日中止を発表
6/4	国民会議第17次統一行動、全国560万人参加国労等、「6・4ゼネスト」へ	6/19	安保条約、午前零時に自然承認
6/10	全学連反主流派、羽田空港でハガチー米大統領新聞係秘書を包囲	6/23	安保条約批准書交換，発効／岸首相辞任表明
6/15	国民会議第18次統一行動。全学連、国会南通用門突入、警官隊と衝突、東大生・樺美智子死亡		
6/18	国会周辺、自然承認阻止で33万人のデモ隊		
6/23	樺美智子全学連慰霊祭（日比谷公会堂）		
7/2	安保阻止国民会議、東京三宅坂で新安保条約不承認集会開催。参加者10万人	7/19	池田勇人内閣成立
7/4	全学連第16回大会（文京公会堂）。反主流派、全自連結成		
7/21	全学連、三池闘争支援に350名派遣		
7/29	ブント第5回大会、ブント解体へ		
8/9	ブント、安保総括をめぐり、三派に分裂		
		9/5	自民党、所得倍増政策を発表
10/12	全学連集会、池田内閣打倒・浅沼刺殺抗議。6百名	10/12	浅沼社会党委員長、右翼少年に刺殺される
10/28	全自連、新安保反対・池田内閣打倒総決起集会、5百名	10/27	日朝赤十字代表、北朝鮮帰還協定延長に調印
		11/20	第29回総選挙、自民296・社会145・民社17
		12/27	池田首相、所得倍増計画発表

出典：岩波書店編集部『近代日本総合年表』岩波書店、歴史学研究会『日本史年表』岩波書店、吉原健一郎、大濱徹也編『江戸東京年表』小学館、三一書房編集部編『資料戦後学生運動別巻』三一書房、

2. 六〇年安保闘争・関連資料

（発行年代順）

※ここに掲載した一覧には、全国紙・ブロック紙の縮刷版、専門紙、月刊誌・週刊誌および各大学新聞、各労働組合新聞等については、膨大な件数に及ぶため、少数の例外を除いて掲載していないことをお断りしておきます。

■参考文献

青木昌彦『安保闘争』全学連情宣部、一九五九年七月

＊　＊　＊　＊　＊

現代思潮社編集部編『全学連学生の手記　装甲車と青春』現代思潮社、一九六〇年一月

清水幾太郎『今こそ国会へ―請願のすすめ』「世界」八月号　岩波書店、一九六〇年六月

ジャパン・プレス写真部ほか　写真集『ゆるせない日からの記録　民主主義を守る争いの30日』麥書房、一九六〇年七月

日本社会党内6・15救援本部『6・15救援本部活動報告書及び参考資料』日本社会党、一九六〇年七月

姫岡玲治『日本国家独占資本主義の成立』現代思潮社、一九六〇年九月

井出武三郎『安保闘争』三一新書、一九六〇年九月
日高六郎ほか『1960年5月19日』岩波新書、一九六〇年十月
樺光子編『人知れず微笑まん―樺美智子遺稿集』三一新書、一九六〇年十月
吉本隆明ほか『民主主義の神話―安保闘争の思想的総括』現代思潮社、一九六〇年十月
公安調査庁編『安保闘争の概要―闘争の経過と分析』公安調査庁、一九六〇年十二月

＊ ＊ ＊ ＊ ＊

竹内好『不服従の遺産』筑摩書房、一九六一年七月
信夫清三郎『安保闘争史―三五日間政局史論』世界書院、一九六一年八月

＊ ＊ ＊ ＊ ＊

斎藤一郎『安保闘争史』三一書房、一九六二年一月
吉本隆明『擬制の終焉』現代思潮社、一九六二年六月

＊ ＊ ＊ ＊ ＊

水口宏三『安保闘争史―ひとつの運動論的総括』社会新報、一九六八年一月
児島襄『国会突入せよ』講談社、一九六八年八月
武井健人『安保闘争―その政治的総括』現代思潮社、一九六八年八月

＊ ＊ ＊ ＊ ＊

臼井吉見編『安保・1960』筑摩書房、一九六九年一月
三一書房編集部編『資料・戦後学生運動 1959～61』第5巻 三一書房、一九六九年八月
蔵田計成『安保全学連』三一書房、一九六九年十月

＊ ＊ ＊ ＊ ＊

三一書房編集部編『資料戦後学生運動』別巻 三一書房、一九七〇年十一月

＊＊＊＊＊

小林良彰『戦後革命運動論争史』　三一書房、一九七一年十一月

＊＊＊＊＊

安東仁兵衛『戦後日本共産党私記』（正）　現代の理論社、一九七六年二月
（続『戦後日本共産党私記』一九八〇年五月）

＊＊＊＊＊

蔵田計成『新左翼運動全史』　流動出版、一九七八年七月

＊＊＊＊＊

森田実『戦後左翼の秘密—60年安保世代からの証言』　潮文社、一九八〇年九月

＊＊＊＊＊

高沢皓司、蔵田計成『新左翼理論全史　1957～1975』　流動出版、一九八四年六月

＊＊＊＊＊

保阪正康『六〇年安保闘争』　講談社現代新書、一九八六年五月
西部邁『六〇年安保　センチメンタル・ジャーニー』　文藝春秋、一九八六年十月

＊＊＊＊＊

長崎浩『1960年代・ひとつの精神史』　作品社、一九八八年三月
高橋良彦遺稿・追悼集編集委員会編『一大衆政治家の軌跡』松本礼二＝高橋良彦遺稿・追悼集　彩流社、一九八八年
長部日出雄『誰にも青春があった』（遠い花火）　文藝春秋、一九八九年

＊＊＊＊＊

『ブント（共産主義者同盟）の思想』全7巻　批評社、一九九〇～九九年
島成郎『共産主義』第1巻　一九九二年六月

島成郎・中村光男・高沢皓司『反戦旗情報、理論戦線』第2巻　一九九〇年十月
島成郎・古賀康正・常木守『労働戦線、教育労働者』第3巻　一九九〇年六月
島成郎・高沢皓司『プロレタリア通信、書記局通達』第4巻　一九九二年六月
島成郎・富岡倍雄・高沢皓司『マルクス・レーニン主義』第5巻　一九九四年四月
榊原勝昭・高沢皓司『灰とダイヤモンド』第6巻　一九九八年七月
島成郎・高沢皓司『戦旗』第7巻　一九九九年六月

＊＊＊＊＊

林紘義『哀惜の樺美智子　60年安保闘争獄中記』三一書房、一九九七年十月

＊＊＊＊＊

島成郎『ブント私史』批評社、一九九九年二月（二〇一〇年、著者に島ひろ子を加え改訂・再版）
島成郎・高沢皓司『戦後史の証言・ブント』批評社、一九九九年六月

＊＊＊＊＊

吉本隆明研究会編『60年安保闘争と「試行」創刊前後』吉本隆明が語る戦後55年①　三交社、二〇〇〇年十二月

＊＊＊＊＊

島成郎記念文集刊行会編『60年安保とブント（共産主義者同盟）を読む（島成郎と60年安保の時代）』情況出版、二〇〇二年六月
島成郎記念文集刊行会編『ブント書記長島成郎を読む　島成郎と60年安保の時代』情況出版、二〇〇二年六月
海老坂武『〈戦後〉が若かった頃』岩波書店、二〇〇二年十二月

＊＊＊＊＊

早稲田の杜の会編『60年安保と早大学生運動　政治が身近にあったころ闘い、燃えた』ベストブック、二〇〇三年十二月

＊＊＊＊＊

同志社大学学友会編『「同志社の栞」資料集』同志社大学学友会、二〇〇五年一月

森川友義編『60年安保―6人の証言』同時代社、二〇〇五年九月
＊　＊　＊　＊
保阪正康『60年安保闘争の真実　あの闘争は何だったのか』中公文庫、二〇〇七年三月
大嶽秀夫『新左翼の遺産―ニューレフトからポストモダンへ』東京大学出版会、二〇〇七年三月
＊　＊　＊　＊
青木昌彦『私の履歴書―人生越境ゲーム』日本経済新聞出版、二〇〇八年四月
牧野文夫『疾駆の記　国労時代とその後』同時代社、二〇〇八年十月
蔵田計成『60年安保ブント結成50周年記念集会』情況出版、二〇〇八年十二月
＊　＊　＊　＊
江刺昭子『樺美智子　聖少女伝説』文藝春秋、二〇一〇年五月
新津新生『青年たちの六〇年安保～長野県からみる闘争の足跡～』川辺書林、二〇一〇年五月
毎日新聞社編『60年安保闘争の時代』二〇一〇年五月
（二〇〇九年九月発行の『60年安保・三池闘争　石原裕次郎の時代1957～1960』を改題・再版
内田剛弘『司法の独立と正義を求めて半世紀―《六〇年安保》後の日本を在野法曹の立場で透視する』田畑書店、二〇一〇年八月
竹内基浩『「六〇年安保」を労働者はいかに闘ったか―全学連と共闘した東京地評の舞台裏』社会評論社、二〇一〇年八月
伴野準一『全学連と全共闘』平凡社新書、二〇一〇年十月
長崎浩『叛乱の六〇年代―安保闘争と全共闘運動』論創社、二〇一〇年十一月
＊　＊　＊　＊
佐藤信『60年代のリアル』ミネルヴァ書房、二〇十一年十二月
富沢満『僕のＮＨＫ物語　あるＴＶドキュメンタリストの追想　SINCE 1964～2010』バジリコ社、二〇十一年十二月

＊　＊　＊　＊　＊

広川禎秀・山田敬男編『戦後社会運動史論② 高度成長期を中心に』大月書店、二〇十二年三月

同志社大学学友会編『アジビラは語る　60年代同志社学生運動』同志社大学学友会、二〇一二年十月

＊　＊　＊　＊　＊

栗原彬編『六〇年安保 1960年前後』ひとびとの精神史3 岩波書店、二〇一五年九月

＊　＊　＊　＊　＊

加藤幹雄（インタビュー）『ハルビン・ニューヨーク・京都…経済人、そして思索者として』17 中央大学誌「アクーナ」第20号別冊　風媒社、二〇一七年十一月

＊　＊　＊　＊　＊

佐藤幹夫『評伝 島成郎 ブントから沖縄へ、心病む人びとのなかへ』筑摩書房、二〇一八年一月

＊　＊　＊　＊　＊

朝日新聞社ジャーナリスト学校「月刊 Journalism 特集 日米安保60年」5月号　朝日新聞社、二〇二〇年五月

江刺昭子『樺美智子、安保闘争に斃れた東大生』河出文庫、二〇二〇年六月

■その他の文献・資料

1．私家版・追悼集

生田浩二・恭子夫妻追悼記念文集刊行会編『生田夫妻追悼記念文集』同刊行会、一九六七年八月

私家叛『芦田譲二先生追悼文集』一九八二年十二月

唐牛健太郎追想集刊行会編『唐牛健太郎追想集』同刊行会、一九八六年十二月

私家版『追悼　廣松渉』一九九四年七月

榊原郁子編『榊原勝昭　遺稿と追想』小倉編集工房、二〇〇六年、九月

河田節・泉康子編 唐牛健太郎展２０１０実行委員会発行

『唐牛健太郎２０１０‐カロウジ、函館へ帰る—メモリアルブック』二〇一一年

奥田直美・泉康子編『天翔る志　奥田正一偲ぶ会メモリアルブック』二〇一二年

春原豊司・泉康子編『青木昌彦・姫岡玲治を偲ぶ会 メモリアルブック』青木昌彦・姫岡玲治を偲ぶ会実行委員会刊　二〇一五年九月

2．安保闘争裁判判決文

「安保闘争・1959.11.27（国会）、1960.1.16（羽田）、4.26（国会正門前）併合審判決文」

第一法規法情報総合データベース（判例時報295号）、一九六一年十二月二十二日判決

「安保闘争・1960.6.15事件判決文」第一法規法情報総合データベース（判例事法４３５号）、一九六五年八月九日

3．映像・録音による記録作品

ラジオ関東・島アナウンサー『ソノシート６・15の記録』キングレコード、一九六〇年

濱谷浩・写真『怒りと悲しみの記録』河出書房新社、一九六〇年

ＮＨＫ・富沢満制作『日めくりタイムトラベル』二〇〇七年

江田忠雄編『ＤＶＤ　60年安保闘争のニュース映像集』イメージユニオン、二〇二〇年

平井吉夫編『安保50周年記念安保闘争写真展』写真展実行委員会、二〇一〇年

泉康子編・刊『ＤＶＤ　映像で辿る唐牛健太郎の生涯』二〇一四年

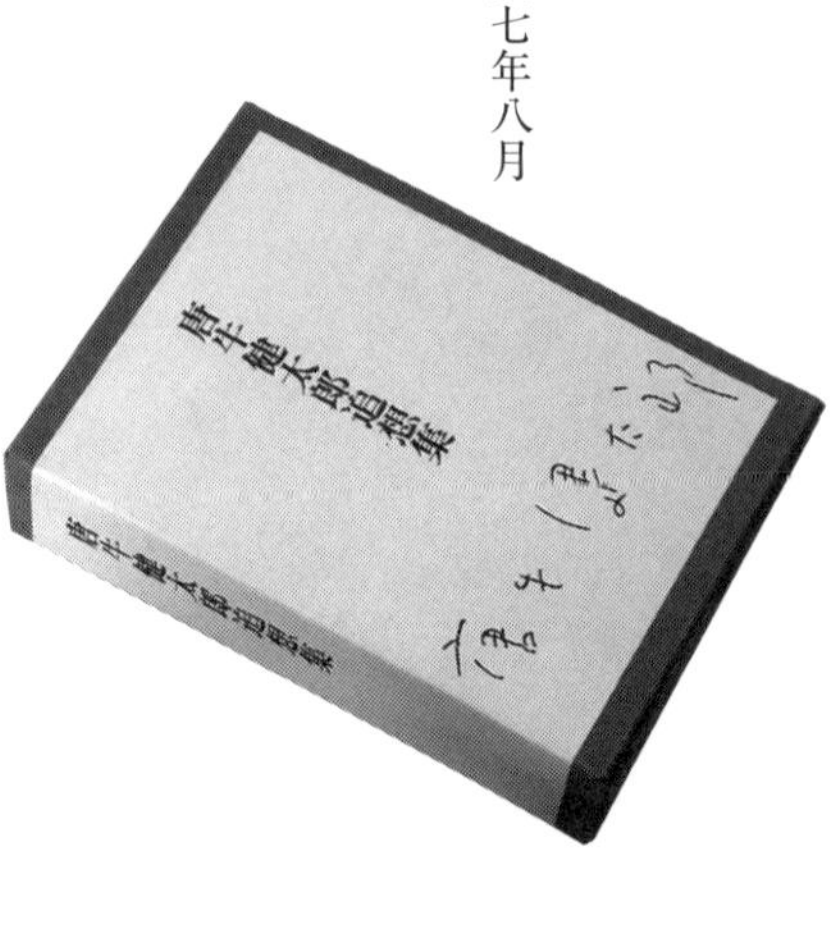

■文学

岸上大作『意志表示』 角川文庫、一九七二年
現代歌人文庫『福島泰樹歌集』 国文社、一九八〇年
道浦母都子『無援の抒情』 岩波書店、一九八〇年
『短歌研究』 52巻5号（1960～1964）、一九九五年五月／6号（1965～1969）一九九五年六月／
7号（1970～1974）、一九九五年七月／8号（1975～1979）一九九五年八月短歌研究社
（歌人の投票により、その年を代表する「戦後短歌」「昭和を語る短歌」を掲載）
石川達三『充たされた生活』 新潮社、一九六一年
高橋和巳『悲の器』 河出書房新社、一九六二年
柴田翔『されど われらが日々―』 文藝春秋、一九六四年
高橋和巳『憂鬱なる党派』 河出書房新社、一九六五年
高橋和巳『邪宗門』（上・下巻） 河出書房新社、一九六六年
大江健三郎『万延元年のフットボール』 講談社、一九六七年
野口武彦『洪水の後』 河出書房、一九六九年
平岡正明『人之初』 彩流社、二〇一二年
河野靖好『大正炭坑戦記 革命に魅せられた魂たち』 花書院、二〇一八年
手塚英男『薔薇雨 1960年6月』 同時代社、二〇二〇年

道浦母都子全歌集（2005, 河出書房新社）

■映画

『乾いた湖』
公開：一九六〇年八月三十日／配給：松竹
監督：篠田正浩　脚本：寺山修司
出演：三上真一郎、炎加世子、山下洵一郎、九条映子

『日本の夜と霧』
公開：一九六〇年十月九日／配給：松竹
監督：大島渚　脚本：大島渚、石堂淑朗
出演：渡辺文雄、桑野みゆき、津川雅彦、佐藤慶

『充たされた生活』
公開：一九六二年一月四日／配給：松竹
監督：羽仁進　原作：石川達三　脚本：羽仁進、清水邦夫
出演：有馬稲子、田村高広、アイ・ジョージ

『ANPO』
公開：二〇一〇年九月一八日／渋谷アップリンクなど
監督・制作：リンダ・ホークランド
出演・作品：会田誠、朝倉摂、池田龍雄、石内都、石川真生、嬉野京子、風間サチコ、桂川寛、加藤登紀子、串田和美、東松照明、富沢幸男、中村宏、比嘉豊光、細江英公、山代知佳子、横尾忠則
出演：佐喜眞加代子、ティム・ワイナー、半藤一利、保阪正康
作品：阿部合成、石井茂雄、井上長三郎、市村司、長濱重一、浜田知明、濱谷浩、林忠彦、ポール・ロブソン、丸木位里、丸木俊、森熊猛、山下菊二

3. 文献・資料解題　1960燃ゆ

泉　康子

広辞苑で「安保闘争」と引くと「一九五九年／六〇年全国規模で展開された近代日本史上最大の大衆運動」と記されている。燃えた日々から60年の歳月が去った。その間多くの六〇年安保記録本が発行されたが、中には歴史の抹殺や、似て非なるものも潜りはじめている。体験者がその日を振り返ろうとする時、また若い世代がその日の真実を掘りあてようとする時、その出発になる、できるだけリアルな発行物を挙げてみよう。絞りに絞りぬいて、次にあげる四冊の出版本、一冊の私家本、二つの裁判判決文は、読者の追跡を助けることだろう。

●保阪正康著『六〇年安保闘争の真実――あの闘争は何だったのか』

安保闘争の26年後に、「将来、昭和史の中で安保闘争を検証する日に必要になるだろう」と作者はペンを執った。保阪はその時、すでに四千人以上の証言者に取材し、実証的に昭和史の鉱脈や鉱床を掘り起こしてきた研究者であり、作家であった。また作者は、大学2年で安保闘争に加わり、20歳にして時代精神を選びとっていた。安保闘争は昭和史に何を刻印し何を刻印できなかったかの全体像に迫る。われわれは読みながらあの日を生きかえらせることになる。

●毎日新聞社編『60年安保闘争の時代』

世紀が変わる日に、編集長西井一夫の企画になる「写真と体験者の回想と座談会録」からなる本が発行された。安保から40年後で、まだ闘いの先頭に立っていた指導者や文化人（西部邁、加藤尚武、吉本隆明）は健在であり、鮮明に回想させている。何より圧巻なのは特別座談会である。「ブントが指導した全学連は何を目標にやったのか」というタイトルのもと、ブント書記長・島成郎、ハガチー闘争指導者で全自連議長だった黒羽純久、岸内閣で総務長官だった松野頼三を対峙させつつ、読売新聞政治部だった多田実、元朝日ジャーナルの石川真澄という要となった人々に、40年後だから語れる舞台裏を語らせている。

●三一書房編集部編『資料・戦後学生運動 一九五九～六一』

本巻7巻中の第5巻に安保資料が入っている。編集部の言葉は一行もなく、すべて当時の資料に語らせている。安保闘争の通史を辿った者がそのページを開くと、深い納得と一気に60年前に戻ったような臨場感に見舞われる。羽田闘争はこの全学連通達で組織され、6・15国会突入闘争は、こんな軋轢の中から準備されたと、実証的追跡に欠かせぬ資料である。日本共産党への意見書、全学連書記局通達や、全自連ビラ、主要大学ビラ、大学新聞、高校生会議ビラと続き、6・15の項には、明大S君の前日からの行動メモが小文字で記入されている。発行は安保から10年後の一九七〇年。収集内容に圧倒されて調べてみると、正木編集長のもとに大プロジェクトが組まれた。安保中堅指導者、大学新聞部員が協力し、文書の収集・討論・選択がくり返され、そのチームを編集者柴田勝紀が牽引したという。この大作の全巻を私が入手したのは安保50年後の釧路と早稲田の古書店であった。安保を闘った半数は女性であった。が記録には一部の女子大名と樺美智子の姿以外登場しない。どんな役を受けもち、どんな情熱で戦列を支えたのかの掘り起こしは我々に遺された課題だ。安保の全容を理解した後、島成郎と高沢皓司等によってまとめられたブント関係の著作へと読み進むと、更に奥深くなる。

●私家版『唐牛健太郎追想集』

（20名の刊行委員会代表島成郎、資金提供9、写真提供藤森秀郎、編集責任平井吉夫、高沢皓司）。六〇年安保全学連委員長であった唐牛は、一九八四年47歳で昇天した。彼を追想した615ページの私家版追想集である。北大生であった唐牛は、連絡船に乗り、兎波《うさぎなみ》を越えて上京、一九五九年六月、委員長に選出された。その時、東大も京大も彼のオルグ受入れを渋った。ところが安保から四半世紀後のこの追想集を開くと、東大9，京大7、北大8、早大9名の同志が書き足りぬとばかりに寄稿している。それは、唐牛追想であると共に全国に散った者の青春への追憶であり、時代精神を築き合った者達のドキュメント文学である。編集の高沢は唐牛の軌跡を細大漏らさずコツコツと掘り起こしている。

この他、何本か私家本の追悼集を中央図書館でみつける。思い出帖だろうと期待せずに読み進むと歴史的な第一次資料があり、その思いがけない発見は心躍る。

●『安保裁判の判決文』

①1960年1・16／4・26併合審（1961年12月22日）判決
②1960年6・15事件（1965年8月9日）判決

安保闘争で起訴された者は、学生、労働者含め101名、全員男である。実刑は学生2名（唐牛健太郎、篠原浩一郎）、後の99名は執行猶予つきだ。学生戦線への主な二つの判決文を読んでみると、司法は何を実刑に問い、何を執行猶予の理由にしたのか、あの日を回想しつつ考えてみたい。

月刊誌「短歌研究」の中の〝昭和を語る歌〟に、6・15国会構内にいたと思われる警官・筑波杏明の詠んだ歌が載り注目された。6・15判決文と合せ読んだ時、あなたはどんな言葉を発することだろうか。（判決日で申込むと中央図書館で閲覧可）

●竹内基浩『六〇年安保を労働者はいかに闘ったか——全学連と共闘した東京地評の舞台裏』

東京地評の書記として安保を闘った竹内基浩（二〇〇七年逝去）の書き遺した手記を由井格（資料センター信濃）が、二〇一〇年出版の労をとった本である。全学連の我々は1・16羽田空港に体をはって岸渡米阻止の行動に出た。前年十二月に羽田闘争を決議した労働者は一万五千人に達したことに励まされていた。朝まで羽田を死守すれば彼等はやってくる——しかし、労働者は数人しか到着しなかった。その内幕を詳細に書いている。国民会議代表者会議で羽田行動を主張する七府県代表を総評と共産党は切り崩した。抗した者は羽田抗議集会実行委員会を立ち上げ対抗——遂に日比谷集会に強引に切りかえさせられる日々が記録されている。高橋良彦（港地区労）太平地評常幹、由井と竹内は羽田へ行き阻止された。日本共産党員竹内が党の弾圧に抗して大衆の意志を貫こうとした道程にあらためて目を見張る。

泉康子（いずみ やすこ）■1937年旧満州新京市生まれ。1958年早稲田大学第二文学部に入学。在学中、安保闘争に参加。安保50周年では記念写真展の企画に参加。同年秋、函館で「カロウジ函館に帰る」写真展を現地若者と共同企画。著書に山岳遭難捜索ノンフィクション『いまだ下山せず』（1994、宝島社）。

4. パブリシティーについて

「過日、60年安保闘争時に学生運動の指導者だったS氏からファックスが届いた。今年はあの安保闘争から60周年を迎える、それで講演をしてくれないか、というのである。」で始まる。

2020年1月18日　毎日新聞「保阪正康の昭和史のかたち」
〔60年安保闘争60周年〕戦後民主主義への儀式

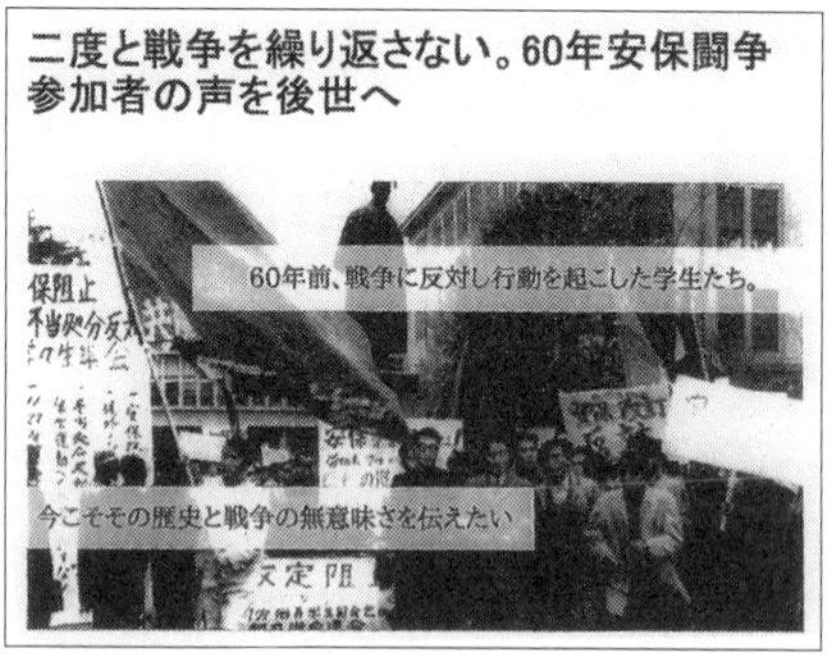

2月28日　株式会社レデイフォーの
クラウドファンディング

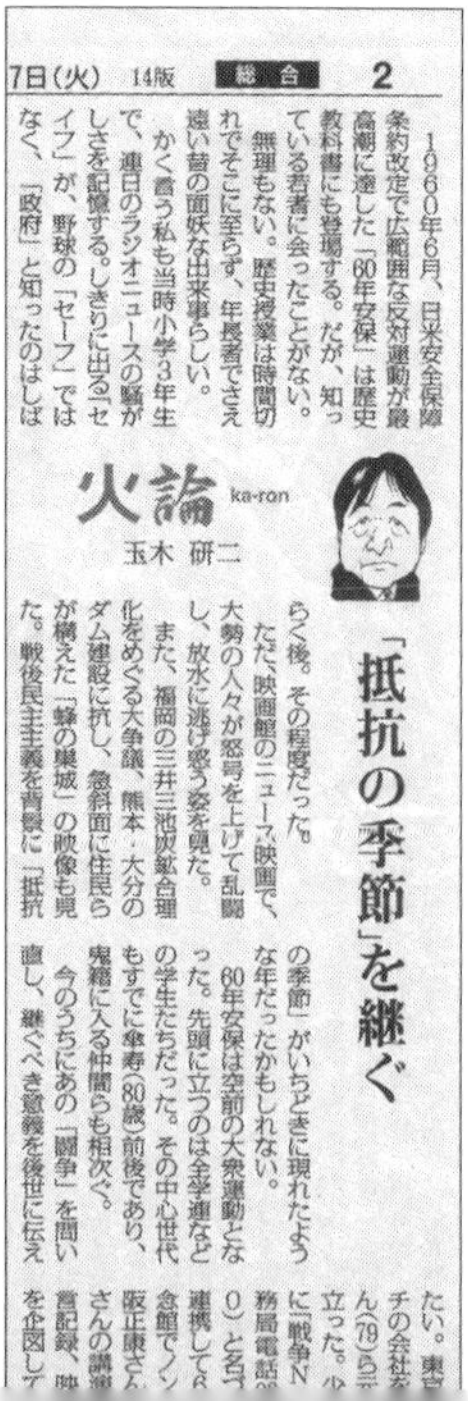

3月17日　毎日新聞［火論］
玉木研二『抵抗の季節』を継ぐ

実行委員長・春原豊司へのインタビューに
基づいた記事

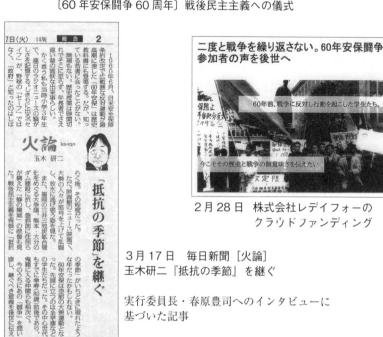

講演会開催告知

- ▶５月27日　朝日新聞東京版
- ▶たんぽぽ舎「地震と原発事故情報」
- ▶５月30日付。伊藤久雄氏（NPO法人まちぽっと理事）ブログ
- ▶６月5日「週刊金曜日」情報欄［きんようびのはらっぱ］
- ▶６月10日「人民新聞com」
- ▶ホームページ（９条改憲阻止の会）

６月１日　毎日新聞デジタル版

毎日新聞

安保闘争６０周年、保阪正康さんら講演会

会員限定有料記事　毎日新聞 2020年6月1日　東京夕刊

ノンフィクション作家の保阪正康さん、作家の高橋源一郎さんが登壇する「安保闘争６０周年記念講演会　１９６０・６・１５　憶えていますか？　知っていますか？　あの、抵抗の季節！」が６月１０日午後１時、東京都千代田区永田町の憲政記念館である。作家の雨宮処凛さんが、高橋さんの講演の司会をする。

６月10日、YouTubeで中継。　ユープラン（UPLAN）
「20200610 UPLAN」でアクセス可能。「第１部保阪正康先生、第２部高橋源一郎先生」

６月15日　毎日新聞デジタル版
「60年安保闘争」とは

毎日新聞

「60年安保闘争」とは
保阪正康さんが語るあの時代　大人の弱さに突きつけた「NO」

毎日新聞 2020年6月15日 16時15分（最終更新 6月15日 17時04分）

ノンフィクション作家の保阪正康さん＝東京都千代田区の憲政記念館で2020年6月10日午後1時30分、鈴木英生撮影

今月15日は、戦後最大の大衆運動とされる1960年の「60年安保闘争」の国会突入デモで、当時東大生の樺美智子さんが亡くなってちょうど60年。このほど、国会議事堂の目の前にある憲政記念館で、当時の学生運動活動家らが「安保闘争60周年記念講演会」を開いた。この運動に参加したノンフィクション作家の保阪正康さんと、10歳ほど若い全共闘世代の作家、高橋源一郎さんが講演した。保阪さんの講演の概要を掲載する（高橋さんは「下」で）。【まとめ・鈴木英生】

戦争を作ったシステムの再来に「NO」

今日は、私たちの体験が歴史にどう位置づけられるかを確認したいと思います。前提となる話を先に三つしてから、安保闘争での経験を話します。

保阪正康さんが語るあの時代、
大人の弱さに突き付けた「NO」

６月22日　毎日新聞デジタル版
「60年安保闘争」とは

毎日新聞

「60年安保闘争」とは
高橋源一郎さんが語る若い世代との向き合い方　目からうろこの世代文化論

毎日新聞 2020年6月22日 11時59分（最終更新 6月22日 11時59分）

作家の高橋源一郎さん

60年安保闘争の国会突入デモで、当時東大生の樺美智子さんが亡くなって、今月15日は60年。このほど、国会議事堂の目の前にある憲政記念館で開かれた「安保闘争60周年記念講演会」では、この運動に参加したノンフィクション作家の保阪正康さんと、10歳ほど若い作家、高橋源一郎さんが講演した。前回の保阪さんに続いて、高橋さんが60年安保世代ら年長者へ語る、若い世代との向き合い方をお届けする。目からうろこの世代文化論である。【まとめ・鈴木英生】

「若いものには、かならず自分にないいいものを持っている」

最近の講演会で、一番（聴衆の平均年齢が）高いテーマは、憲法です。もう一つは、文学。これも平均年齢が高い。どれも聴衆は団塊の世代が中心です。今日は、（聴衆の年齢層が）憲法や文学を超えています（笑い）。でも、これくらい平均年齢の高い講演会があったんです。「野間宏の会」というのでしたが、ところで、野間宏を知っている方、手を挙げてください（聴衆のほぼ全員が挙手）。

高橋源一郎さんが語る若い世代との向き合い方。目からうろこの世代文化論。

告知チラシ

6・10「決行」てんまつ記

六〇年アンポ青年、いまだ軒昂なり。

一点突破●講演会は会場の確保が最優先の課題だ。あれこれ考えた末、憲政記念館と決め先輩の実行委員に依頼、顔が利く人ならではの手際で6月10日の大ホールをキープできた。▼定員470名。なんとしてでも500名を！ 速攻で名簿の点検、友人・知人へのメール、手紙の発送にはかなりの手間がかかった。▼会場下見を兼ね打合わせに行ったところ、会館担当者から「新型コロナウイルス感染予防のため、定員は100名」と言われ、スタッフ全員唖然と。▼新聞パブリシティが効果を上げ、問い合わせの電話がかなりあり、一同思案投げ首。当日は整理券を配布、人数チェックしながら入場してもらうこととする。実際には来場者全員を受入れ、着席禁止箇所にもお座りいただく。ここは一点突破の窮状打開策だ。▼終了後、担当者に呼び出され事情聴取を受ける。「整理券の配布をしたが、参加希望を断りきれなかった」と悪びれることなく釈明し一件落着。（事務局長・里見）

執念開催■安保六〇周年を期して行動を起こそうと提案があったのが19年の5月頃。11月会場予約、講演会開催を6月10日水曜日と決定した。呼びかけには唐牛健太郎追悼式での名簿が約600名確保されており、案内の第一報を送った。▼ところが年明け1月に中国から新型コロナウイルスが飛び込んできた。3月末の国内で確認された感染者数2949名、死者77。実行委員会として全国の元活動家に声をかけることになったが、その中の懇意にしている人に電話すると、「コロナのことを考えると6月10日は見通しが悪い、延期した方がいい」との応答。▼4月7日、政府「緊急事態宣言」。10日国内確認感染者数6889人、死者133。一次波のピークを迎える。実行委員会を開くと6月10日は危ないので延期すべきとの意見が出される。

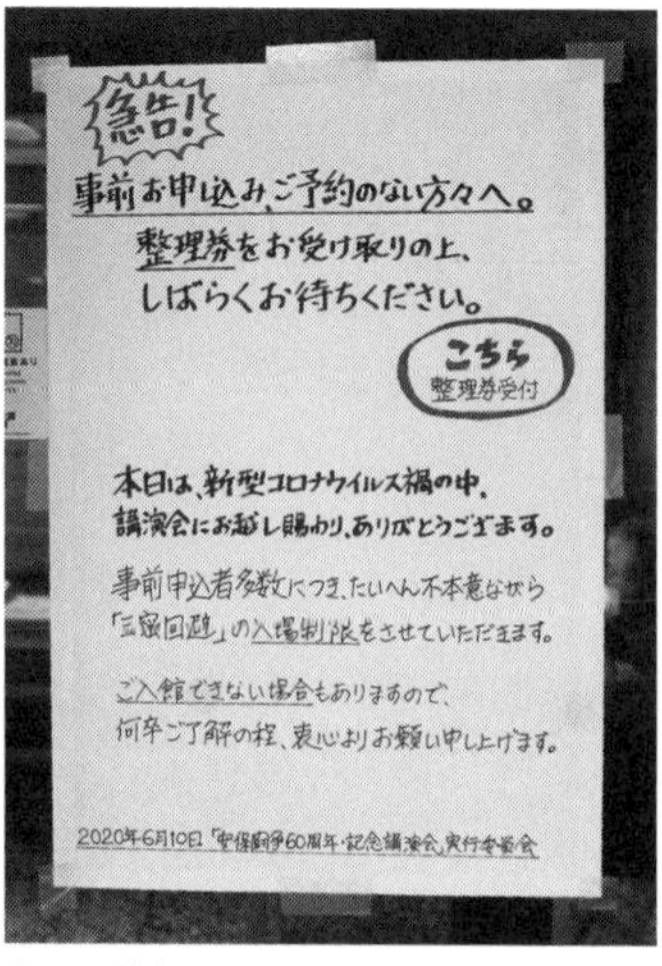

入口の告知ポスター

▼開催しても参加者制限がありそうだ。講演の先生にも「延期もありうる」と連絡した。憲政記念館に状況を聞くと「実施するのはOKだが観客は100人以下に」とのこと。かなり迷った。しかし延期したくはない。やはり当初決めた6月10日に決行しようと腹を決め、不安を残しながら当日を迎えた。▼マスクを着用した静かなる参加者、その熱心なまなざしを見て、「実行してよかった」と心から思った。（代表・春原）

＊　＊　＊

甲論乙駁■新型コロナウイルス蔓延中の開催だった。6月10日開催の是非を巡って甲論乙駁。結局「安保闘争にとって6月は象徴的季節」として予定通り決行となった。▼参加者動員のパブリシティと憲政記念館側の入場規制への対応を担当することになる。最低で200人参加と読んだが、楽観的との声も強かった。つてを頼りに毎日新聞、朝日新聞に講演会の周知を依頼。毎日は保阪氏の大型コラム、編集委員の名物コラム、学芸記者の周知記事など全国版で紹介してくれた。「週刊金曜日」にも催事記事を掲載してもらった。反響は大きく電話の問い合わせが相次いだ。▼問題は会場の入場制限。事前の下見では担当者から「100人厳守。椅子にテープを張り間隔を空ける」という申し入れがあった。受付・会場整理責任者としては「規制は守れないかも」と腹に収める。当日は約200人が来場。テープによる座席規制に「どこに座ればいいの？」と戸惑う人が多く、かまわず着席していただく。▼会館担当者が開演直前にチェックを申し入れてきた。「どうぞ」と応じたが、（混乱を避けてか？）その場での規制や忠告はなかった。しかし終了後「あなた責任者でしょ！」と誰何され、「いいえ、責任者はあの方」とSさんに引き継いだ。代表は相当厳しく問責され憮然としていた。振ってしまってゴメンナサイ。100人制限は適切な処置だったか？　過剰な自粛は問題だよ。参加者ファースト、我に反省の念一切なし。（倉田）

《謝辞》ご参加者各位、すべての関係者の皆さまに、心より敬意と感謝を表します。カンパによるご支援に御礼申し上げます。本講演会の開催による新型コロナウイルス感染者は、一人として発生しなかったことをご報告しておきます。

記念講演会実行委員会

III.

安保闘争60周年◉記念講演会
参加者アンケート結果
報告書

2020年9月

安保闘争60周年・記念講演会実行委員会

1．アンケート調査の目的

2020年6月10日、「安保闘争60周年・記念講演会」を開催したところ、新型コロナウイルス禍の影響がまだ濃厚な時期に、危険を冒して国会正門前に位置する「憲政記念館」に集結された方々は、定員100人限定のところ200人を超えました。今回の講演会は保阪正康氏、高橋源一郎氏、そして60年代に安保闘争、学生運動に関わった方のインタビューを加えて構成しました。これを記録し次世代に伝えるにあたり、この記念講演会に参加した人々も、何を感じたのかをアンケート方式をとって発言してもらうことにしました。この報告書は、「アンケートというかたちの集会参加者の意見」です。

2．アンケートの方法

⑴ アンケートの対象 ……………… 当日講演会に参加した人
⑵ 参加者数 ……………………… 主催スタッフを含めて207人
⑶ アンケート対象数 …………… 200人（主なスタッフは除いた）
⑷ 住所不確定 …………………… 30人
⑸ アンケート発送数 …………… 170人
⑹ 回答者数 ……………………… 52人
⑺ 回答率 ………………………… 30.6%
⑻ 質問内容は別紙の通り。

Ⅰ. 安保 60周年講演会全体評価

Q1. 講演会に参加されて、どのような感想を持ちましたか。全体的評価を、次の中からあなたのお気持ちに当てはまる回答の番号を○で囲んでください。

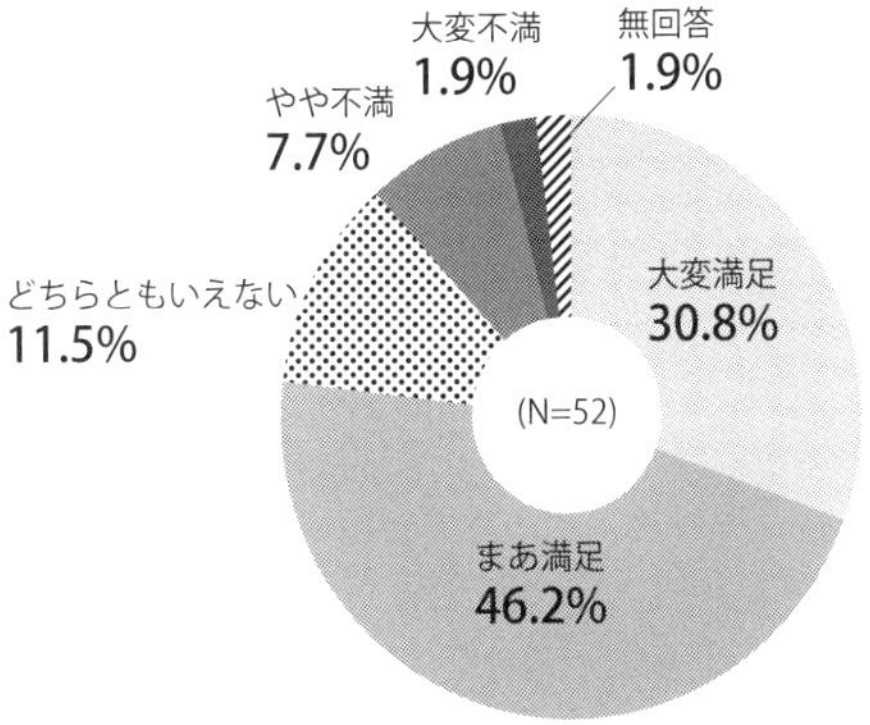

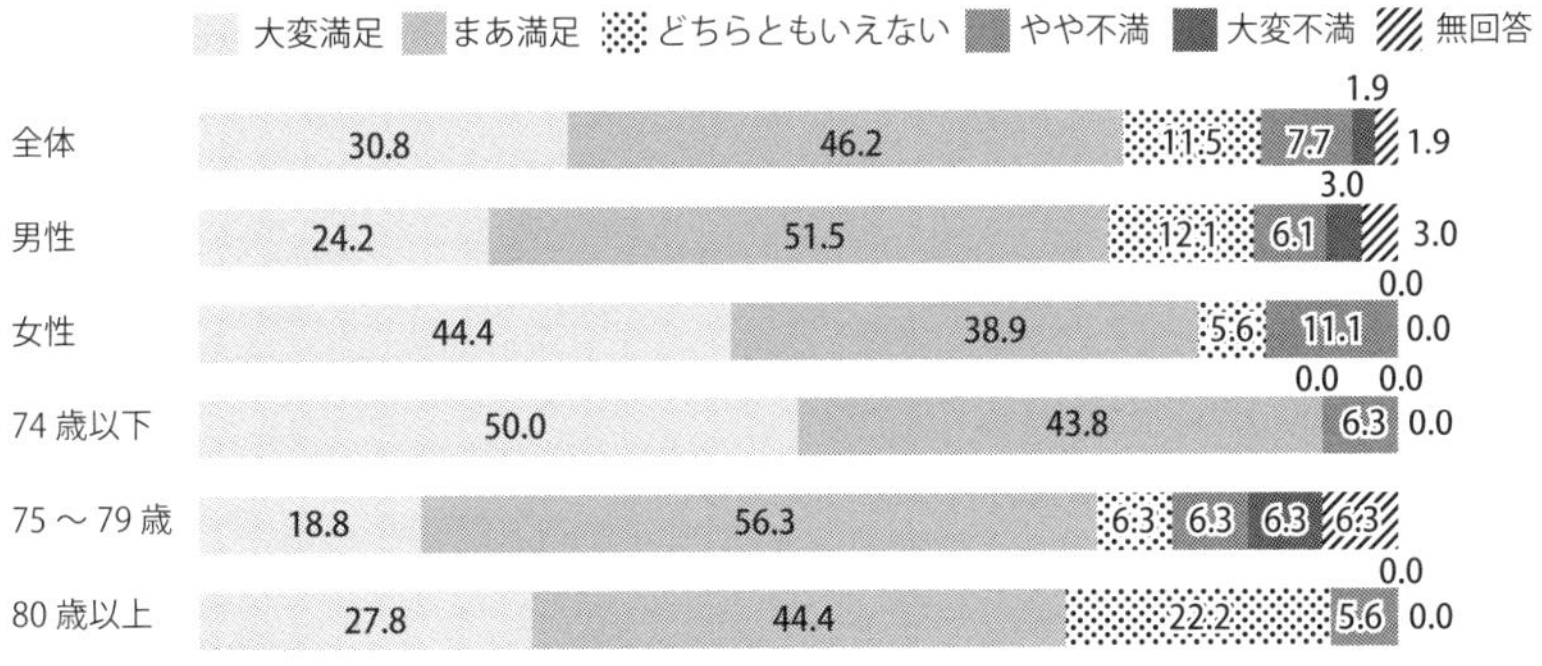

《講演会感想／全体的評価》

		合計	大変満足した	まあ満足した	どちらともいえない	やや不満に感じた	大変不満に感じた	無回答	平均スコア
【全体】		52	30.8	46.2	11.5	7.7	1.9	1.9	3.98
性別	男性	33	24.2	51.5	12.1	6.1	3.0	3.0	3.91
	女性	18	44.4	38.9	5.6	11.1	0.0	0.0	4.17
年齢	74歳以下	16	50.0	43.8	0.0	6.3	0.0	0.0	4.38
	75～79歳	16	18.8	56.3	6.3	6.3	6.3	6.3	3.80
	80歳以上	18	27.8	44.4	22.2	5.6	0.0	0.0	3.94

※グラフ・表の構成比は、四捨五入のため合計が 100%にならない場合がある。

講演会全体に対する感想としては、51人中30.8%の人は「大変満足した」と回答している。46.2%の人は「まあ満足した」と答えており、やや不満な点もあるがどちらかといえば「満足」したと答えている。合わせて77.0%と、全体の4分の3の人は大変満足したと思われる。

これに対して残りの23%、全体の4分の1の人は何らかの不満があり、満足できなかったとの結果になった。コロナ感染のリスクを冒して、あえて都心の千代田区にまで足を運んで、77%の人は満足したが、23%の人は満足できず、不満を残して会場を後にしたことになる。また「大変満足」を5点として平均値を計算すると、全体では3.98ポイントとなる。

性別にみると、男性は「大変満足」が24.2%、「まあ満足」が51.5%で、「まあ満足」が多い。女性は「大変満足」が44.4%、「まあ満足」が38.9%で、男性よりも満足度が高い。

年齢別にみると、74歳以下の人ほど「大変満足」が50%と評価が高い。

＜全体評価の理由／感想＞

《1. 大変満足》

・コロナ禍においてこの集会を実施した情熱に対して感謝申し上げます。（70歳未満）

・お二人の話から新鮮なものを感じた。（70歳未満）

・世の中の見方、考え方について勉強になった。（80歳以上）

・コロナ禍の中、まさに命がけで久しぶりの外出。でも参加した甲斐があった。（70代前半）

・日頃愛読、信奉しているお二人の肉声を聞きながら、己の来し方を苦く辛く思い出し、もはや彼岸の先達の言葉と交友を振り返る、甘くもの悲しいひと時だったから。（80歳以上）

・60年も昔のことを昨日のように語る2人の講演に引き込まれた。（70代前半）

・久しぶりに60年を振り返り、コロナ禍の中、「敵基地攻撃能力」の保有さえ求めようとしている現在と対比して考えるよい機会となった。（80歳以上）

・遅れ気味の70年安保世代といえる者の一人として、60年安保世代の方たちが、60年を経てこの会場に足を運んで姿を見せてくれたということ自体「感動」だった。あの当時、樺美智子さんや高橋和巳の書いたものを通してしか「あの頃」を知らなかった（1970年大学入学）。（70歳未満）

・今の社会情勢は60年前や半世紀前と比べたら、マスコミもSNSも自然災害やコロナウイルスに至るまで、さらに複雑に推移し、社会の仕組みも人心も非常に荒んだ状態に陥って、貧しくともまっとうに生きたいと思う若者にとってまことに住みにくい、生きづらいものとなっている。しかしこれに流されていては、少しも自然によくなるはずもない。自分の体験したことを見直し、重要なことの意義を確かに評価すること。さらに子や孫たちの世代に大切なものを伝えていくことをもういい加減に始めなければ、と感じさせられたから。（70代後半）

・大変丁寧なわかりやすい話し方だった。聞きたいことの多くを聞けてよかった。（80歳以上）

・おそらく安保に参加された方たちが多く参加されていて、同じ空間にいて感じたのは、純粋さやまだまだ現役な情熱を感じることができた。（70歳未満）

・お二人の講演が心にしみた。保坂さんの国家とブントの対決を目にして「自分はブントの方を」と決心した心の底とは。先輩たちの無残な死（餓死、病死が戦闘死より多いという）、あまりに痛々しい戦争の犠牲者であった15年前の戦争で逝った先達への鎮魂の気持ち（熱い気持ち）が受け取れた。あなた方を殺

した時代に明確にＮＯを言う。（70代後半）

・保阪さん、高橋さんのお話を生で伺うことができたこと。お二人の出るテレビはいつも見ている。（80歳以上）

・初めて保阪さんの声を直接聞けたこと。彼の言葉の中に「戦前への軍国主義への拒否の意志」を強く感じたこと。（70歳未満）

《2. まあ満足》

・安保闘争の位置づけが不明確である。学生運動の先進的役割が長期的に継続できなかった組織力としての脆弱性の分析があるべきだった。21世紀現在、資本主義経済のグローバル化のマイナス面が、今回のコロナ禍で露呈された。日本では、自民党と日本共産党の政治組織しか力を持った存在として存続しえなかった。なぜか安保闘争の担い手は歴史舞台から退場してしまったように感じる。（70代後半）

・講師がよかった。しかも対照的なお二人の話法でよかったのではないか。ただ若者を呼ぶ努力が足りない。（70代後半）

・この集いを企画実施してくれた人たちがいたことがありがたくうれしく思った。（70代後半）

・コロナ禍の中で、多数の参加者を得て60年前の出来事を再認識するよい機会だった。（70歳未満）

・激しいデモに明け暮れた熱気の片鱗でも思い出せればよいが、と思っていた。（80歳以上）

・講師２人の方は読むことはいつでもだが、お話を聞く機会はないので。（80歳以上）

・大学２年の時に初めてデモに参加した頃を思い出した。（80歳以上）

・いま60年安保を語れる人、あるいはその集会を用意できること、集会に参加できる人がだんだん少なくなってきた。（70代後半）

・昔の、知ってはいなかったけど、同志ともいうべき方と会えたから。話も、保阪さん以外はおもしろかった。（70代後半）

・講師および日頃の関係者の方々のすばらしい考え方や行動には感心させられ、共感もするのだが、この新自由主義とコロナに対決できていないわれわれサイドの脆さが不満の種。（80歳以上）

・コロナ禍の中でやっていただいたこと感謝する。しかし多数の人の入場で椅子が予定より多く使用され、また換気について不安だった。密になりすぎたこと、時間が長かった。（70歳未満）

・このようなイベントを開催していただきありがとうございました。感謝いたします。出席された方々は存じ上げる方はおられなかったが、同窓会のような雰囲気で楽しめた。（70代後半）

・興味や関心はあったが知識が乏しかったので、自分の中での位置づけが低かった。ただ学んだことは有意義であって、参加してよかった。（70歳未満）

・保阪さんと高橋さんの話が自分の中で繋がらなかった。しかし各々の各々らしい語りはとてもよかった。（70代前半）

・安倍政権の人為的ともいえるコロナ騒動の真最中に、歴史の継承点検のための講演集会を断行したことに敬意を表する。ただ現役「左翼潮流」の課題と問題点についても触れてほしかった。（70代前半）

・保阪先生のお話が聞けたから。1945年生まれの私は政治にはほとんど関心がなかった。しかし近年保阪先生の毎日新聞での記事をスクラップしているうちに戦前の政治と今のそれとがあまりに似ていて、とても怖い思いを抱いている。肌で感じるように、今回講演会に参加した。他の２本は聞き方が悪いせいかあまりに不勉強なのか、ピンとこなかった。（70代後半）

・保阪氏と高橋氏の講演を聞きたいと思っていたので。現在の日米関係、問題点等についてもう少し触れてもらいたかった。（70代後半）

・講師２人の話は各々に個性的であり興味深い。（70代後半）
・マイクのせいか少し聞き取りづらかった。内容はずはらしかった。（80歳以上）
・準備段階から首をつっこんでいた者としては、皆さんのご苦労の様子を伺わせていただいた関係上不満は書けなかった。折からのコロナ騒ぎにも翻弄されて本当に大変だったろうと思う。しかしなんの予備知識もなくただ参加された方々にとっては、ご本人の思い入れもあって期待が大きく、失望されたかもしれないという感想である。全体に当事者不在感があった。（80歳以上）
・講演は大変よかった。保阪正康氏の講演を伺って、60年安保闘争の意義を再認識させられたし、高橋源一郎氏の若い世代に対する独自の視点もまた共感できるものだった。第一部後半のVoice for Voiceは少し物足りないと思ったが、全体としてたいへん意義深いイベントであったと思う。ただ、質疑応答時間が極端に短かったのは残念。質疑応答が短ければ、当然講演は一方通行になるが、質疑応答を活発に行えば双方向のコミュニケーションが成立するのではないだろうか。一般的に日本で行われる講演会やシンポジウムでは、質疑応答時間が短い傾向がある。しかし大げさに言えば、積極的に意見を述べ合うこと（熟議）こそ、主体的な民主主義を育てるための基礎をなすものだと私は思う。今回のようなイベントでは、できるだけ質疑に十分時間をとっていただくことを希望する（質疑応答の時間を長くすれば見当外れの質問への対処が必要となり、司会者の負担は重くなるが）。（70代前半）
・コロナ禍の中での決行と決してからの少ない時間的余裕の中で、事務局はよく活動したと評価できるのではないか。安保世代の一体感が感じられた。（80歳以上）

《3. どちらともいえない》

・60年安保というより「60年安保後集会」の色合いが濃かったと思う。その辺がＩさんたちの不満につながったのでしょう。私の不満は二人の講師の声がよく聞こえなかったため、講演そのものへの評価ができなかった点。（80歳以上）
・保阪さんの話は物足りない。高橋さんの話はおもしろく興味持てた。（年代不明）
・遠くから電車で会議に伺ったが、電車が満員にならないうちにと思って、第一部だけで帰ってしまったこと。もう一つは耳が遠くなって諸演者の声が私の耳に十分届かないことがあり、やや残念。（80歳以上）
・特定の演者の話で、闘争の総体がわかったことにはならないから。（80歳以上）

《4. やや不満》

・安保同窓会に終始してしまった点。60年前の安保を語るなら現在の沖縄への視点は不可欠のはず。なぜ辺野古の闘士を呼ばなかったのか。なぜ憲政会館なのか。なぜ沖縄に行かなかったのか。（70歳未満）
・「60年安保」そのものの意義があまり語られなかった、取り上げられなかったから。60年前のことで古色蒼然ということで関係者が控えたのかとも疑ってしまった。当時の躍動感をしっかり今に伝えてほしかった。（70代後半）
・第一部満足、第二部不満。第二部になぜ60安保体験者の出場、その闘いの映像が入らなかったのかの疑問が残った（50周年に作ったDVDあり）。60安保60周年記念する会に徹するべきだった。（80歳以上）

《5. 大変不満》

・報告が２つとも無内容。（70代後半）

Ⅱ-1. 保阪正康氏　講演について

Q2-1. 第一部講演　保阪正康氏－歴史の視座に立って『60年安保闘争の意味と評価』についてはいかがでしたか。次の５つの中から最も当てはまる番号を○で囲んで下さい

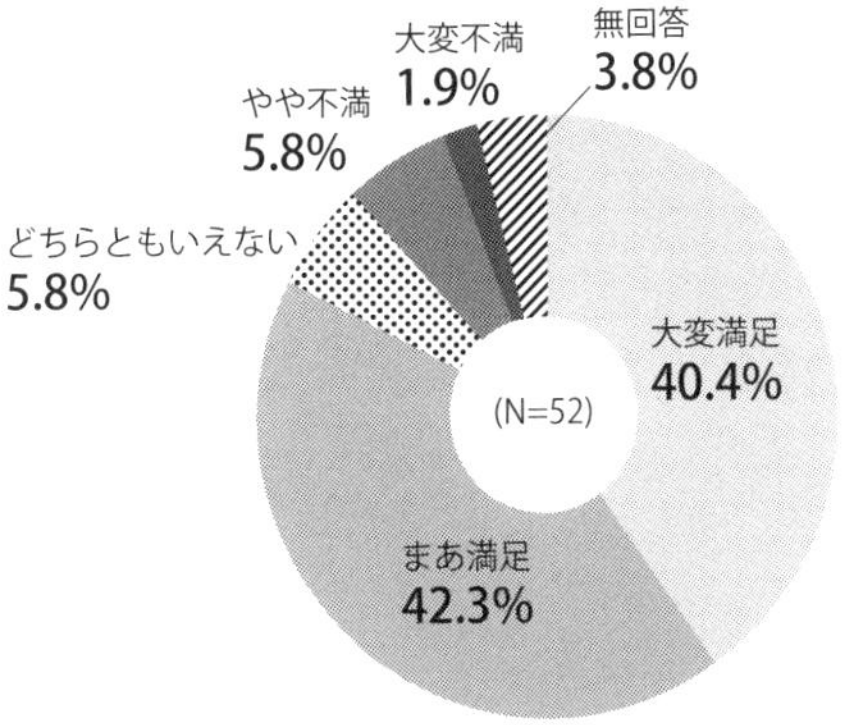

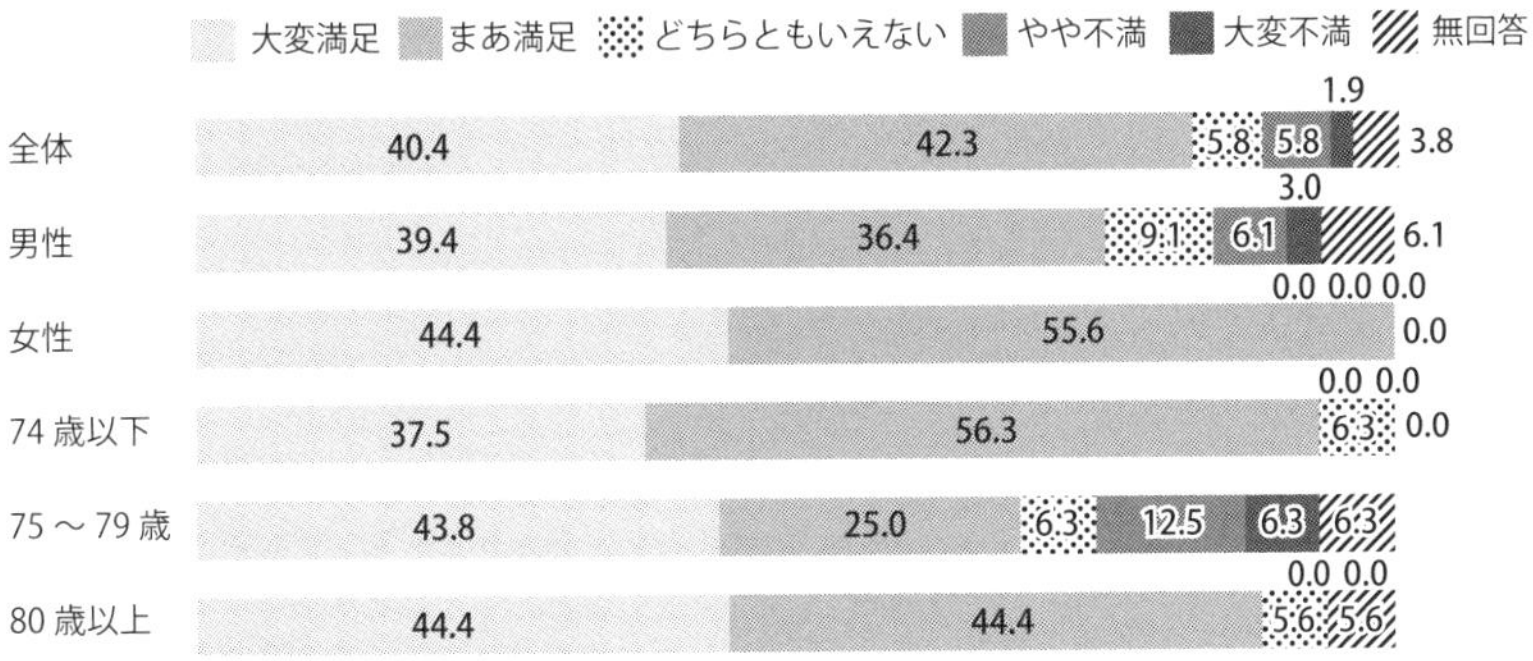

《（1）保阪正康『60年安保闘争の意味と評価』》

		合計	大変満足した	まあ満足した	どちらともいえない	やや不満に感じた	大変不満に感じた	無回答	平均スコア
【全体】		52	40.4	42.3	5.8	5.8	1.9	3.8	4.18
性別	男性	33	39.4	36.4	9.1	6.1	3.0	6.1	4.10
	女性	18	44.4	55.6	0.0	0.0	0.0	0.0	4.44
年齢	74歳以下	16	37.5	56.3	6.3	0.0	0.0	0.0	4.31
	75～79歳	16	43.8	25.0	6.3	12.5	6.3	6.3	3.93
	80歳以上	18	44.4	44.4	5.6	0.0	0.0	5.6	4.41

※グラフ・表の構成比は、四捨五入のため合計が100%にならない場合がある。

全体としては「大変満足」が40.4%、「まあ満足」が42.3%で合計82.7%の人は満足している。満足度平均点は4.18ポイントとかなり高い。

性別にみると、男性は「大変満足」が39.4%、「まあ満足」が36.4%で、76%は満足している。女性は「大変満足」が44.4%、「まあ満足」が55.6%で合計100%の人が満足しており、満足度平均点が4.44ポイントとかなり高い。

年齢別にみると、74歳以下の人は「大変満足」が37.5%、「まあ満足」が56.3%、満足合計は93.8%とかなり高い。

75～79歳は「大変満足」が43.8%、「まあ満足」が25%で合計68.8%が満足しているが、「やや不満」も12.5%とマイナス評価も多い。満足度平均点は3.93とかなり厳しい。

80歳以上の人は「大変満足」が44.4%、「まあ満足」が44.4%、合計88.8%で満足度はかなり高い。

＜全体評価の理由／感想＞

《1. 大変満足》

・具体的に安保闘争の「民主主義」擁護の側面からの指摘は納得できるが、旧友の唐牛健太郎氏（元全学連委員長）の場合にも「転向」している。このような指導者の方向性が組織力の無さと関係あるのかもしれない。（70代後半）

・当時の社会が今日の世相と対比してしっかりと蘇ってきた。（70歳未満）

・西部邁、唐牛健太郎を登場させてくれた。（80歳以上）

・良くも悪くも多くの友人をつくっておくこと。老いに向かうとだんだん友人が少なくなっていく。（80歳以上）

・あの盛り上がったデモの中に自分がいられたこと。同じような思いで繋がっていた。（80歳以上）

・同年輩の保阪氏の話は非常に身近に感じた。当時、元戦犯の岸首相を、私の心の中で警戒心を持って動向を注視していた。氏のおっしゃる、岸は「国会などくそくらえ」と強行採決に打って出た。私自身も当時同意見だった。（70代後半）

・これまで発表されなかった自らの精神史を明かした真摯な語りであった。円熟した作家のみずみずしい若き日の時代精神修得過程の語りは圧巻であった（国労スト梅小路集会の回想）。安保闘争の昭和史の中で果たした役割が明快となった。（80歳以上）

・10歳近く年長の方が、自分の知らない経験を素直に語られていたこと、作家としてお名前のみしか存じていない方が、身近に感じられた。（70代前半）

・「戦争への道」をひた走っているように感じる昨今、身にしみる内容だった。（80歳以上）

・最近特に強く感じるのは、あの第二次大戦とは何だったのか、大きな犠牲を払った敗戦で、日本は、われわれは、何を本当に学んだのだろうか？ということ。若き日から物事をご自分の目でしっかりと見つめ、大きな力に流されないで自らの意志で、特に日本の近現代史の神髄をつぶさに掘り起こしてこられた保阪先生の生き方に感銘を受けており、今回のお話の行間からもその息の長い闘いの心意気が伝わっていたから。（70代後半）

・60年安保の意味を認識できたこと、そして安保世代の方々が行動を起こしたからこそ今の日本があるのだと誇りに感じた。（70歳未満）

・①政権の政治手法に不潔感を覚え、それにNOを言った、②あの60年安保闘争がその後の時代の中でどう位置付けられているかを確認、③日本史が若い人、高校生に人気がな

い理由、この３つの話を聞いただけで私にとって今回の目的は充分達せられたようにさえ思った。大きな視点をいただいた。こうした話を、今年高校の英語教師２年目の孫（男）に日常の出来事にからめて話している。(70代後半)

・思っていた通りの誠実で知的な人柄を感じられたから。当時の政治への怒り、不快感に突き上げられた学生運動であったとの感懐に納得できた。(70代後半)

・私は1944年（昭和19）10月22日生まれなので（戦前の）先生方の豹変（すみぬり）も体験していないが、大人になり歴史を勉強して（体験談を聞き）、信じられない驚くべき出来事があったと知って呆然とした。保坂先生のお話で中間（私より5・6歳～17・8歳上の方の思い）が埋まった。(70代後半)

・保阪さんの歴史観に賛同し、いつも学ばせていただいている。地方に育ち、60年安保運動には参加しないし意味がよくわからなかったが、岸戦犯が首相であることには疑問を持っていた。(80歳以上)

・初めて保阪さんの声を直接聞けたこと。彼の言葉の中に「戦前への軍国主義への拒否の意志」を強く感じたこと。(70歳未満)

・数千人にインタビューしてこられた保坂氏のお話は、現実に根を下ろした厚みのある内容だった。歴史の研究も熱心にされているので、単なるエピソードの収集に終わらず、話の核がどっしりしていると感じた。今までご著書を何冊か読ませていただき、また講演も数回お聞きしているが、今回は西部邁氏や唐牛健太郎氏らとの出会いにも触れられた。そのほかのエピソードも生々しいもので、保坂氏の若き日の「時代の空気」が伝わってきた。とても充実した内容だったと思う。(70代前半)

《2. まあ満足》

・西部や唐牛の話。(70代後半)

・60年当時、私は小学校２年生で大人社会の実際の姿を知ることができなかったが、知ることができた。ただし51年９月８日、対日講和・安保条約調印から現在までの流れという視点が弱い。(70歳未満)

・当時の保阪さんの行動とそれを取り巻く状況がリアルに伝わってきた。(70歳未満)

・60年安保の本質にもっと切り込んでほしかった。(80歳以上)

・聞こえなかったため内容がよくわからなかったが、多分こんなことを言ったのではないかという判断で評価した。(80歳以上)

・保阪氏の若い頃（60年前後）のことを伺って、なぜ現代史の専門家になられたかを知ることができた。現代史の専門家は、いまの日本で少ないので。(70代後半)

・「壮大なゼロ」でなく「壮大な100（反戦）」はまさにそうだった。西部の死に方はカッコつけてかえってカッコ悪かったと思う。彼の求めた共同体とはどんなものだったのだろうか。唐牛は初めから終わりまでカッコつけてカッコ良く逝ったのでは。(80歳以上)

・一人の個人的な体験を歴史の中の出来事と照らして話が聞けたことがよかった。西部さんとの交流についての話はやや長いかなと思った。以前から保阪さんの講演を聞きたいと思っていたのでよかった。(70歳未満)

・歴史的流れ、背景はある程度わかった。(70歳未満)

・西部氏と唐牛氏の実情が聞けた。京都の実情が知れてよかった。(70代前半)

・60年安保条約を15年前の戦争との関連（一般市民、政治家それぞれの）で、その意味を語ってくれたが、もう少し詳しく聞きたい内容だった。保坂氏と友人関係だった唐牛氏と西部氏についてエピソードを語ってくれたの

は興味深く聞けた。(お二人の名前は聞いたことがある程度ですみません。)(70歳未満)

- 「壮大なゼロ」ということにあの世代がこだわっていたことはよくわかった。保坂さんの口から聞くとは思わなかった。しかし70年安保世代にはよく分からない。(70代前半)
- 京都府学連や国労ストなどの自己体験は何だったかを問う姿勢には共感。ただし現在の継承性について、歴史教育の問題とするのは思想の責任としてはどうか?(70代前半)
- 60年安保闘争を歴史の中で明確に位置付けたこと。　①戦前、逝った先達への連帯として反岸・反安保闘争。　②帝国主義者岸の視点で改憲の意味を明確化したこと。　③「壮大なゼロ」説や自立化、従属化論を超えた視座を提供した。(80歳以上)
- 同世代として感じるところが同じだったから。(80歳以上)
- 個人的体験も語られていた。歴史の中の個人という意味での独自性が強く感じられた。(70代後半)
- マイクのせいか少し聞き取りづらかった。内容はずはらしかった。(80歳以上)
- 大変好意的かつ客観的視点からあの運動を語ってくださった。歴史評論家らしい説得力ですっきりと入ってきた。おおむね保阪氏の評価に賛同する。ただ技術的問題として、当日60%くらいしか聞き取れなかった。したがって送ってくださった毎日新聞のまとめで補足させていただいた感想である。(80歳以上)
- 安保闘争の評価というのはなかなかに難しい問題だが、保阪さんは非常に頑固な、揺るぎない立場を提出された。この先しばらくは保阪さんを凌ぐ評価軸は出ないのではないか。(80歳以上)

《3. どちらともいえない》

- 論点はそれなりに理解できたが、主要部分について全般的な理論的究明に欠けていた点。例えば統一戦線、前衛党の欠如と闘争の勝利の要件についての論及に欠けていた点。(80歳以上)
- 誠実なお人柄に好感を持った。しかし個人史的な色合いが濃く、現代史を主舞台とするノンフィクション作家として、その観点からの「60年安保」の評価を聞きたかった。(70代後半)

《4. やや不満》

- 自分の世界でしゃべっていた。聞き手の反応を意識していなかった。土曜12時の日本近代史と違った口調がほしい。(70代後半)
- 少し準備不足の感があり、内容も薄かった。まとめを読むとそうでもなく、西部氏のことなどおもしろいところもあったが。(70代後半)
- 内容に新鮮さがなかった。(年代不明)

《5. 大変不満》

- 単なる個人的印象を語ったにすぎない。「ひどい」の一語に尽きる。(70代後半)

《評価無回答》

- 氏の本は何冊か読んでいったが、大きな意味での歴史的意義づけの他に、運動を担ったブントの考えに触れてくれた方がよかった。でも無理かな。四分五裂したブントのどの理論も、再度大きなエネルギーへと誘導できなかったのだから。安保闘争後の、東京のブントと関西ブントの違い、関西には人情があったからか。(80歳以上)

Ⅱ - 2. VOICE for VOICE　評価

Q2-2. VOICE for VOICE（ファシリテーター：満田康子　　発言者：浅野浩氏、米田隆介氏）についてはいかがでしたか。次の５つの中から最も当てはまる番号を○で囲んで下さい。

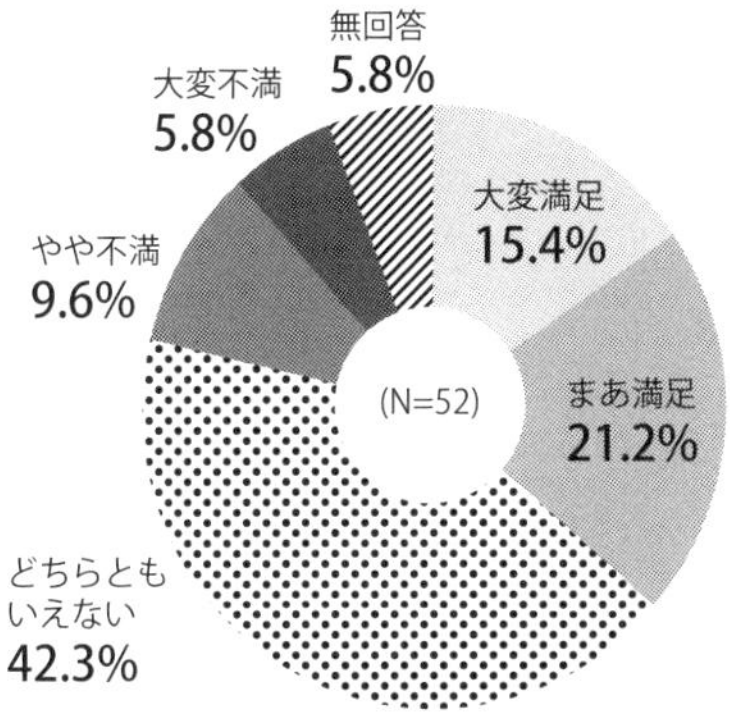

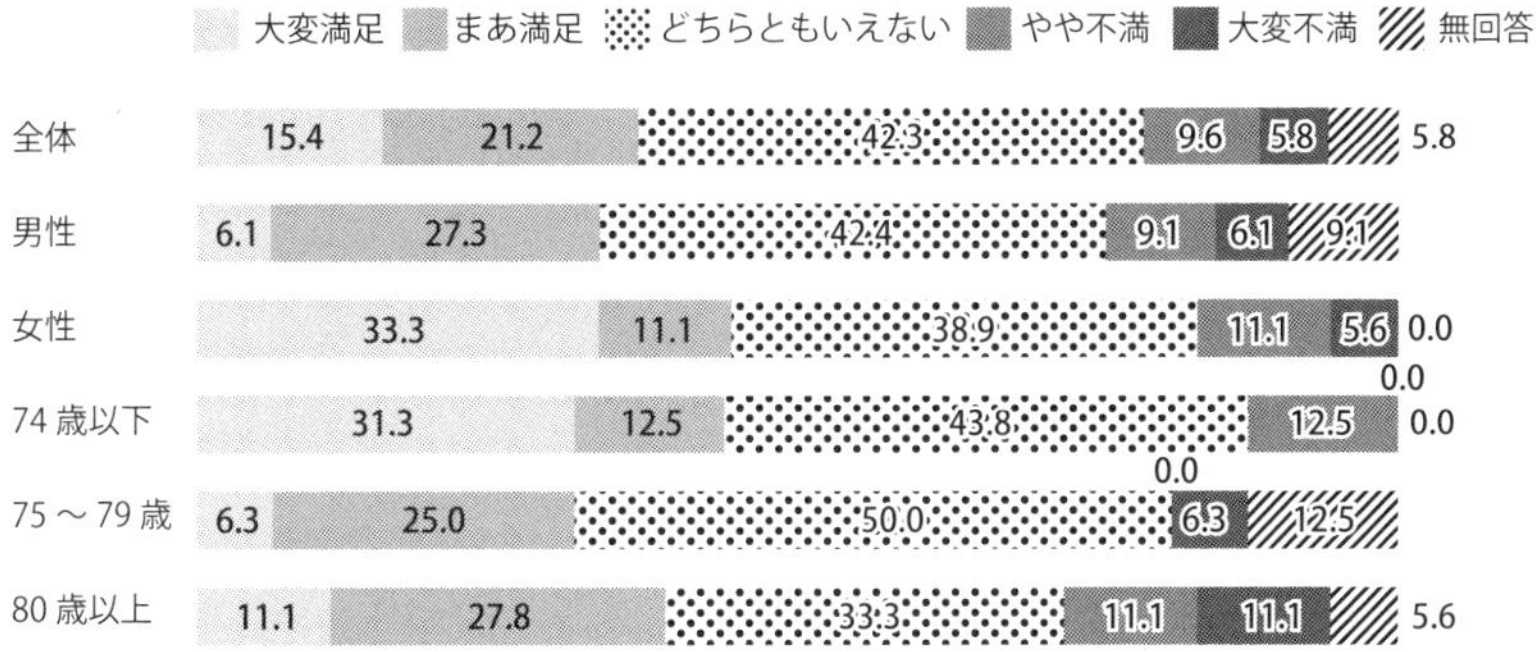

《（2）VOICE for VOICE 満田康子　浅野浩、米田隆介》

		合計	大変満足した	まあ満足した	どちらともいえない	やや不満に感じた	大変不満に感じた	無回答	平均スコア
【全体】		52	15.4	21.2	42.3	9.6	5.8	5.8	3.33
性別	男性	33	6.1	27.3	42.4	9.1	6.1	9.1	3.20
	女性	18	33.3	11.1	38.9	11.1	5.6	0.0	3.56
年齢	74歳以下	16	31.3	12.5	43.8	12.5	0.0	0.0	3.63
	75～79歳	16	6.3	25.0	50.0	0.0	6.3	12.5	3.29
	80歳以上	18	11.1	27.8	33.3	11.1	11.1	5.6	3.18

※グラフ・表の構成比は、四捨五入のため合計が 100%にならない場合がある。

全体としては「大変満足」は15.4%、「まあ満足」は21.2%、合計すると36.6%の人が満足評価。「どちらともいえない」は42.3%で最も多い。５点満点の平均満足点は3.33にとどまっている。

性別にみると、男性では「大変満足」が6.1%と特に低い。「まあ満足」は27.3%で合計すると33.4%にととまる。

女性は「大変満足」が33.3%、「まあ満足」が11.1%、「どちらともいえない」は38.9%とかなり多い。傾向としては男性より女性の方がやや評価が高い。

年齢別にみると、74歳以下の若い人は「大変満足」が31.3%、「まあ満足」が12.5%で合計では43.8%。「どちらともいえない」は43.8%となっている。

75～79歳の人は「大変満足」が6.3%と非常に低い。「まあ満足」は25%で、合計では31.3%と３分の１にとどまる。「どちらともいえない」は50%と非常に高い。

80歳以上では「大変満足」が11.1%、「まあ満足」が27.8%、合わせて38.9%。「やや不満」「大変不満」がともに高く合わせて22.2%と否定的意見が多い。

＜全体評価の理由／感想＞

《1. 大変満足》

・満田さんの冒頭の勇気ある挨拶は見事で、拍手が湧きだしたのは参加者の共感のほどばしりであった。発言者がポスト安保者に絞られた企画理由を知りたい。昇天者多しといえど60安保体験者で証言できる人間はいまだ健在で記憶明快なり。（80歳以上）

・実際に参加した方の体験談は説得力があった。（80歳以上）

・３人の提起はジェンダー、全共闘と武装、医療など、現在と切り結んだものとして拡がりができるものであったが、時間が短い。（70代前半）

・60年安保、70年安保とそれぞれの考え方や世代間の違いもあるのだということが理解できた。（70歳未満）

・東大安田講堂に残った方の話が印象的だった。「意義ある生き方をしたい」と選択した行動に対する反動は大変だったろうと思う（高橋源一郎さんも獄中に入ったとか）。若い人の情熱と正義感が世界史の礎となっていることを思うと、若者の無残な戦死（餓死ほか）の社会にＮＯを突きつけるのと同じような社会、希望のもてる社会建設への運動だと思った。納得できる連帯集会のかたちだった。（70代後半）

《2. まあ満足》

・時間が短く３人の思いを充分に知ることができなかった。（70歳未満）

・していること、してきたことの重さが力を持っていた。「昔の話」が懐かしいような気がした。（70代後半）

・歴戦の闘士たちに乾杯。今日的な日常行動に関し、聞き漏らしたが、お互いに息長く頑張ろう。（80歳以上）

・もっと時間が必要なプログラムだった。司会進行の方が手際よく進めていたが、もっと２人の話が聞きたかった。（70代後半）

・３人とも青年時代の純真さを未だに持ち合わせている、率直で純朴な人柄であることが感じられたから。（70代後半）

・安田講堂などで第一線で闘い、投獄された方の発言は重く、且つよかった。その運動が今に繋がっていないのが残念だが。（70歳未満）

・マイクのせいか少し聞き取りづらかった。内容はずはらしかった。（80歳以上）

・発言者のお二方は非常にユニークな闘争歴を

お持ちで、それが聞く者を納得させる力となった。（80歳以上）

《3. どちらともいえない》

・思い出話ではなく現状の批判が欲しかった。（70代後半）
・安保闘争の歴史的評価、戦後の人民闘争の中での全般的位置づけ（この闘争が占める）などについて、焦点を当てた論及がなされていず、ポイント部分がぼけていたから。（80歳以上）
・あまり印象にない。「運動を離れたので控訴をとりやめて刑務所に入った」がおもしろかった。（70代後半）
・すみません、内容はあまり覚えていない。（70歳未満）
・何かとりとめのない時間に感じた。（70歳未満）
・司会進行が慣れないとはいえ議論にならなかった。やはり事前の準備が不足したのではないだろうか。関係者の年齢を考えるとそれを求めるのは酷かもしれないが。（70代後半）
・もう少し時間をとっていたら発言者からもっとお話を聞けたように感じた。（70代後半）
・各自不十分な考え。（年代不明）
・時間が短く、保阪氏の講演と比較してしまったからだろうか。（70代前半）
・当事者ではなかったので、共感はできたが実感が伴わなかった。（70歳未満）
・満足という基準をどのように考えたらいいのかわからない。お一人は、医師になったという方は誠実に生きてこられたという印象。お一人は本を編集したという方。帰りがけ拾い読みさせていただいたら知っている名前が数人あり嬉しかった。（70歳未満）
・この講演会はずしんと重かった。（70代前半）
・マイク音量が悪くほとんど聞き取れなかったのは残念。（80歳以上）
・時間が経過しなにも印象に残っていない。（80歳以上）
・60年安保の参加者に聞いた方がよかったのでは。あるいは60年安保世代とその次の世代、もしくは60と若者の世代との組み合わせ。（70代後半）

《4. やや不満》

・司会者と発言者が異質の人たちであり、話が噛み合わない。（80歳以上）
・時間が不足していた。この部分は必要なかったのではないか。しかし各位は持ち時間が短い中で、せいいっぱい発言したので敬意を表したい。（80歳以上）
・各々の方の話をもっと聞かせていただきたかった。時間が短すぎた。せっかくの機会だったので残念だった。そんな中でファシリテーターの力量で、よく短い時間内でポイントをつかんで話をまとめる（？）ことができたと思う。（70歳未満）
・登壇されたお二人は、全共闘世代を代表して率直に話をされたと思うが、今回のイベントの中での位置づけがやや曖昧だったのではないだろうか。60年安保世代と全共闘世代との比較や、全共闘運動とお二人の生き方の関連（全共闘の意義）については、はっきりとは述べられなかったように思う。私自身、全共闘に参加した者であるためこのように感じたのかもしれないが。（70代前半）

《5. 大変不満》

・自分勝手にしゃべっていた。打ち合わせが不十分。同窓の私が主催するタウン誌を皆さんでお読みいただければ…。（70代後半）
・60周年行事として２人のゲストの話で十分。なぜこの人たちがボソボソ割って入ってくるんだ。（80歳以上）
・お二方に与えられた時間が短かすぎたし、焦

点が絞られておらず60年安保闘争との関わりは感じられなかった。各自散漫な思い出話の羅列で、あれでは話す方も不完全燃焼だったのではないかと気の毒に思った。また、満田さんの「女性が一人もいないから引き受けた」との発言は、もう少し掘り下げていただきたかった。60年安保闘争は女性はごく普通に影の存在として活躍していた闘争だったので、一人もいないのが自然の姿なのである。つまりいわゆるフェミニズム運動前史の時代だった、ということまで言及してほしかった。女子大のリーダーたちも結局全学連の中枢には一人も入っていないし、学連書記局にいた女性たちも結局事務的な仕事にしか携わっていなかった。そういう役割になるという現象が当時の多くの学生たちにとって極めて自然であり、差別意識の自覚も疑念も一切湧いてこないという精神的風土だった。これはその後の学生運動のかたちとは異なるものだと思う。(個人的には、若い世代の人に引き継いでいただくという当初の考え方でいくならば、今の運動で活躍している女性のファシリテーターがよいと思ったが、そうでないならばあえて女性にする必要はなかったと思う。)(80歳以上)

Ⅱ - 3.　高橋源一郎氏　講演について

Q2-3.　第二部講演　高橋源一郎氏ー語り継ぐコミュニケーションとは
『NO を言わない若者、YES があいまいな若者』
についてはいかがでしたか。次の５つの中から最も当てはまる番号を○で囲んで下さい。

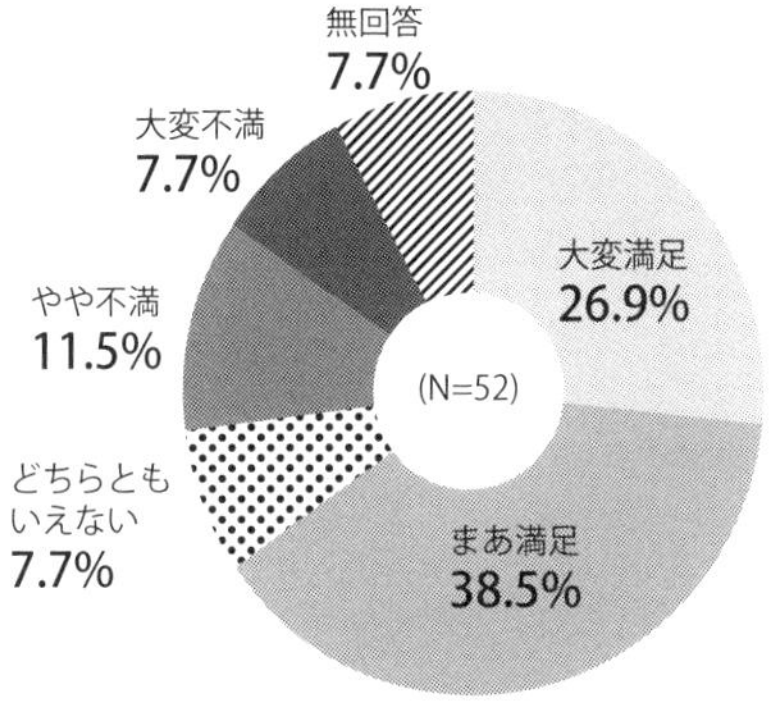

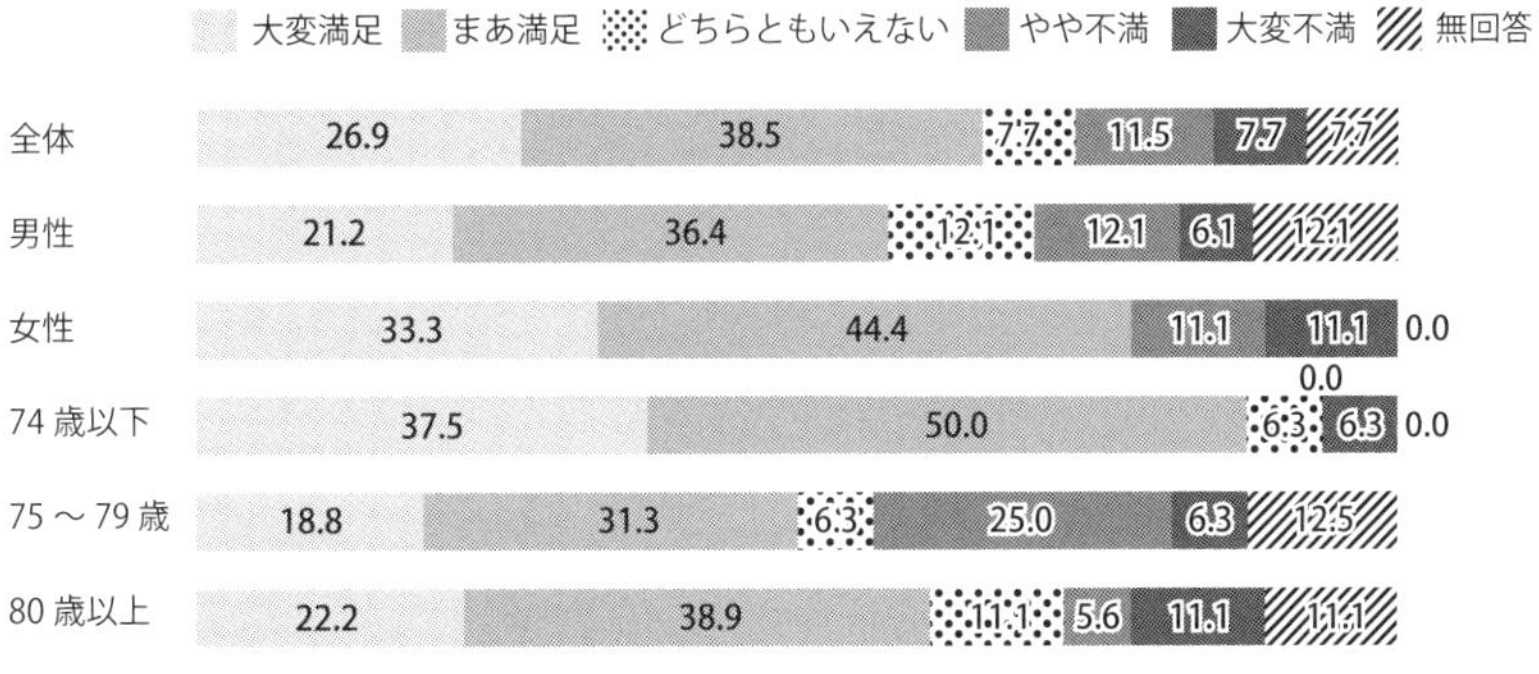

《（3）高橋源一郎『NO を言わない若者、YES があいまいな若者』》

		合計	大変満足した	まあ満足した	どちらともいえない	やや不満に感じた	大変不満に感じた	無回答	平均スコア
【全体】		52	26.9	38.5	7.7	11.5	7.7	7.7	3.71
性別	男性	33	21.2	36.4	12.1	12.1	6.1	12.1	3.62
	女性	18	33.3	44.4	0.0	11.1	11.1	0.0	3.78
年齢	74歳以下	16	37.5	50.0	6.3	0.0	6.3	0.0	4.13
	75～79歳	16	18.8	31.3	6.3	25.0	6.3	12.5	3.36
	80歳以上	18	22.2	38.9	11.1	5.6	11.1	11.1	3.63

※グラフ・表の構成比は、四捨五入のため合計が 100%にならない場合がある。

全体としては「大変満足」が 26.9%、「まあ満足」が 38.5%で、65.4%の人は満足している。不満の人は全体で 19.2%おり、満足度の平均点は 3.71ポイントとなっている。

性別にみると、男性では「大変満足」が 21.2%、「まあ満足」が 36.4%で合計すると 57.6%と６割近くの人は満足を表明している。「どちらともいえない」人も 12.1%と多い。

女性についてみると、「大変満足」は 33.3%、「まあ満足」は 44.4%で合計すると 77.7%と８割弱の人は満足しており男性に比べて満足度が高い。

年齢別にみると、74歳以下の人では「大変満足」が 37.5%、「まあ満足」が 50%で、満足の合計は 87.5%とかなり高い。満足度の平均点は５点満点中 4.13ポイントと最も高く、74歳以下の世代には好評だったが、75 ～ 79歳の人では「大変満足」は 18.8%と非常に低い。「まあ満足」は 31.3%、満足度合計は 50.1%で半数の人しか満足していない。また「無回答」が 12.5%と多い。80歳以上では「大変満足」が 22.2%、「まあ満足」が 38.9%で合計 61.1%と満足の人は６割を超えるものの、「どちらともいえない」と「無回答」が多い。

全体として不満の残る結果となった。

＜全体評価の理由／感想＞

《 1. 大変満足 》

- ・私の持っている視点とは全く違う視点で話してくれた。（70歳未満）
- テーマと内容がめちゃくちゃなのがいい。「飛ぶ教室」聞いている。短いので 25分にして。（70代前半）
- 目下「毎日紙」の中で楽しみに読む唯一の書き手の肉声、内実が聞けて、彼の「人生相談」並みに楽しかった。「野間宏」「中野重治」等々、交わした言葉の切れ切れがなぜか懐かしかった。（80歳以上）
- 現代社会は科学的思考絶対の風潮から、すべての分野で客観対象への分析やデータ解析で、三人称の意識世界に思考回路が張り巡らされている。しかしこの思考力は自然環境にも平和秩序にも破綻に向かっている。今後人間は一人称に向き合う以外新しい展望は表れないと思う。「私」「われわれ」「わが国」「われわれ人類」など。高橋さんは一人称の見えにくさを見事に語られ、「自分」「自分たち」という新しい視点とテーマで社会的に意味を持つ新しい視点にも分かりやすい言葉で発信してくださる力をお持ちであると思う。（70代後半）
- 接点が感じられた。興味持てた。（年代不明）
- 表題とは違う内容だったと思うが、これからの生き方に役立つ内容だった。「受け入れるマインド」は常に心掛けていこうと思った。（70歳未満）
- 若い人は優れている。（70代前半）
- 人を理解するにはまず自分の心を耕さねばならないことを実感した。（80歳以上）
- ヘボン博士の創られた明治学院大学には昔から特別な思いがある。数々の優れた社会運動家や詩人、作家や学者等を輩出してきたそのキャンパス（恩師の母校）へ中学生の時、英語担当の先生に連れられて初めて訪れた時から、他のどこにもないような自由な雰囲気と心のぬくもりを感じる大好きな空間となった。高橋先生のお話はまったく初めて拝聴したが、あの中学時代のわが恩師を彷彿とさせる共通の空気を感じた。若い人たちともっと交わらなければいけないなと強く感じた次第。（70代後半）
- 教えてもらう能力、常に同じ目線に立って謙虚にものごとを見ることが自分の世界も広げていくことになるのだと思った。（70歳未満）

・鶴見俊輔さんが多田道太郎さんから「若者とは必ず自分なりによいものを持っていると信じる」と言われはっとされたそうだという語り出しに、高橋源一郎さんが重ねてきた若者との「取っ組み合い」の真剣さを察した。妻の「ぬれ落ち葉」になってしまう退職後の男性の人生は、独りよがりな淋しさの人生になってしまう。若い人に求められてこそ、老いの価値と伝承できる可能性があると、つくづく身を引き締める。（70代後半）
・高橋さんは話し上手。若い方の知性を信じたいと思った。若い方は私が生き育った時代とはまったく異なる世界に育っている。若い方から学ぶ姿勢で生きたいと思った。（80歳以上）
・高橋さんの言葉が直接聞けたのがよかった。（70歳未満）
・自分自身の体験をフランクに話されたのは興味深かった。（80歳以上）

《 2. まあ満足 》

・大学での授業を通して若者について知ることができた。ただし終盤の「新しいジャンル、今までやらなかった新しいこと」の具体的な話が知りたい。（70歳未満）
・初めて高橋氏の話を生で聞くことができた。若い世代に対する向き合い方に教えられることが多い。（70歳未満）
・講演のテーマを念頭に話を聞いていたが、話が別の方向に向かってしまった。（80歳以上）
・一生懸命に参加したことが今になって本当に貴重な体験になっている。今も自分の生き方に繋がっている。（80歳以上）
・いまの若い世代（主に学生）の関心事やスタイルを知ることができた点。（70代後半）
・ユニークで個性溢れていた。若い人との断絶について新しい解釈と文拠法を聞くことができ参考になった。人気者なのに一般的でなく興味を持った。（70代後半）
・若い人に対するおもしろい考え方は大いに参考になるし、その通りだとは思うのだが、私には教わる心はあるつもりだが、能力やアンテナがない。（80歳以上）
・今の若者に教師として向き合っている姿勢は素晴らしい。70年安保の前後の数年の年齢差も感じられた。（70代前半）
・70年安保世代として60年安保をどう考えたか、みたいな話かなと思って聞いたら、「若い世代との付き合い方」みたいな話で、おもしろい内容ではあったが、60年安保世代はどう受け止めたかな？と少し気になった。なかなか若い世代と交流する機会が少ない自分は少しうらやましい。（70歳未満）
・いつもながらこちらが予想したことは絶対に語らない。しかし文化論、世代論としてとても納得した。希望がある。（70代前半）
・おっしゃる通りだなと共感した。（80歳以上）
・学生、若者との接点を豊富に持っており、世代の違いを敏感に感じている者の発言としては了解。しかし民主主義と革命、思想の点検と継承等についての立ち位置が不明。（70代前半）
・世代の違いをくっきりさせてくれた。（80歳以上）
・おもしろい話だったという意味で。（80歳以上）
・正直、当日聞いている段階では、こんなコロナ禍に出てくるなんて「アタマおかしいんじゃないですか」とか「まさか実施するとは思わなかったから何の準備もしていない」とか、独特の語り口にすっかり乗せられて適当な人（？）と思いかけたが、今回まとめを読んでさすがと思った（まとめた人も上手い？）。確かに、「若い人」に希望を持ち続けたり、「若い人」に教わる感性も持ち続けたい。（70代後半）
・学生運動をしていた頃、当時の大人たちはよ

くわれわれの話をまじめに聞いてくれていたという印象がある。それには、まだまだ生々しかった戦争責任を巡る自責の念が何らかの作用をしたのかもしれないが。それに比してわれわれはどうであろうか、と考えさせられた。高橋氏の話術も非常に上手で、非常におもしろく聞かせていただいた。（80歳以上）

・年配者が若い世代に接する際に、「世代間のギャップ」という落とし穴があるという高橋氏の指摘には私もまったく同感。戦争や闘争、あるいは人生のさまざまな体験を持つ年配の人間が、より若い世代にその体験を伝えようとするとき、往々にして一方的な語りになりやすいと思う。同氏は、「若い者には必ず自分にないいいものを持っている」という多田道太郎氏の言を引き、学生たちとの愉快なやり取りを紹介しながら鋭い問題提起をされた。ただし疑問も残った。高橋氏は若者の読解力を高く評価されたが、彼が著名な作家で文学専門のゼミを担当されたために、同氏の周りに文学好き、本好きの学生が集まったのではないだろうか。その特殊な事情を一般化して、若者の読解力は大したものだと結論付けるのはやや無理がある。年配者とは違う独特の感性を持っているという点については同意するが。私はむしろ、一般の学生や若い世代の活字離れはすさまじいと思っている。ゲームやSNSにどっぷり漬かっている若者が、知的に健康な生活をしているとは思えない。若者に対して上から目線で接することは忌むべきこととしても、必要以上に持ち上げたり遠慮したりしすぎるのも問題であろう。一方で学生たちや若者たちは、無意識のうちに「本物」や「深いもの」を求めている面もある。感動や勇気、元気、笑顔などという言葉が、軽いノリで氾濫している時代だからこそ、年配の人間は彼らに本物の感動との出会いの場を提供すべきだと私は思う。その点で高橋氏のドストエフスキーを読む宿題は彼なりの試みだったと私は評価する。学生シールズについてはまた別問題であるが。（追記）高橋氏は講演の冒頭で「今日のタイトルは何でしたっけ？」というようなことを言われたが、これは彼なりの演出なのだろうか。私には有名人にありがちなやや聴衆をなめた態度にも見え少し不快に感じた。お忙しい方であることは分かるが講演者として招かれた趣旨をふまえある程度の準備をした上で講演に臨んでいただきたいものである。（70代前半）

《3. どちらともいえない》

・肯定部分もいくつか感じられたのであるが、学生、青年から学ぶというところは、どの面で学び、どの面では教訓を体得するべく教えるべきなのか、不明であった。安保闘争の位置づけ、経験教訓など保阪さんのところと同一。（80歳以上）

・その辺の公民館の健康講座で聞いて十分満足な内容だった。（70歳未満）

・私はあまり共感できなかった。ちょっと「軽い」感じがした。（70代後半）

《4. やや不満》

・若者から学べの指摘は同感である。現在の安倍政権の野党無視の政治体制への痛烈な批判が欲しかった。通常の文芸評論的な話の展開には若干不満足であった。（70代後半）

・本人自身不満足だったのではないか。集会そのものは概ね成功したのではないか。（80歳以上）

・おもしろおかしく話す、会場の「ウケ狙い」があったのが、絶えずそのことに気を取られて主題は何かはっきりしなかった。もう一つは、年配層を時代遅れの存在と決めつけておられたように見受けられた。重い話を軽く話そうとしたのか。若者文化を肯定するのはけ

っこうだが、これから10年前後は後期高齢者の存在感が大きくなるのでは。（70代後半）

・演題の「NOを言わない若者～」についての氏の考えを聞きたかった。安倍内閣の指示の多くが20～30代。なぜ？その理由の糸口を見つけたかった。聴衆は多くが氏の10年ほどの先輩たちだったが、氏の最近の活躍で気持ちに驕りがなかったたか。なぜ演題に触れなかったのか？　氏の言う若者の話を聞くように、私自身も意識的に努めている。（70代後半）

・講師の準備不足。保坂氏のようにレジュメを提出して、主催者側との打ち合わせをすべきだったのでは。最近の若者の社会運動、シールズの話を聞きたかった。（70代後半）

《 5. 大変不満 》

・安保闘争60周年と題した講演の内容と離れていたように思った。どのような視点で高橋さんを選ばれたのだろうか。疑問が残った。（70歳未満）

・①安保闘争につき何も語らなかった。語れないのか、語らないのかを少なくとも語るべきだった。　②前座の漫談が1時間、答えが10分。60安保記念講演を受けたのなら批判でもよい、はっきり語るべきだった。　③企画者はどんな人選意図があり、どんな交渉をしたのか知りたい。（80歳以上）

・テーマはとても興味があった。私が次の人のために得てきた知識、技を伝えるためにと期待もしていた。しかし話の聞き方がまずかったのかもしれないが、例えて言えば寄席でお目当ての噺家が枕を長々と引っ張って高座を降りてしまったような印象だった。（70代後半）

・こんなことになる可能性があると予測したようになった、残念ながら。つまり漫談。活字化にあたっては相当に整理することが不可欠。（80歳以上）

《 評価無回答 》

・老人からみれば10代後半、20代前半、全く知らない人たちである。（80歳以上）

Ⅲ. 安保60周年講演会　感想

Q3. 今回の「安保闘争60周年記念講演会」を聞いて、改めて60年前の安保闘争はどんな意味を持ったのか、感想を自由に書いて下さい。

・安保闘争の歴史的な意義が明確に感じられない。学生が当時において良い意味でのエリート意識での「前衛」として「学生運動」として先鋭的であったが、継続的、持続的な組織を作ることができなかったことが致命的な歴史であった。いろいろと「反響」をよんだ「Bund」の流れは「核」分裂して「赤軍派」のごとく過激化して消滅してしまった。あるいは「保守反動派」のイデオローグと変わり果ててしまった。「自由民主党」という強い保守層の岩盤組織と「日本共産党」という左翼組織しか結果的に残らなかった。日本共産党の「統一戦線」運動は「統一」されないで、排除の論理が優先してきたため、いつまでも革新陣営は強くなれない。これからは日本共産党を中心とした緩やかな「反戦平和、護憲民主主義、統一戦線」の道が望ましいと思うがこれも容易ではないだろう。(70代後半)

・安保闘争は近現代の日本の歴史に大きな足跡をしるしたものと思う。青年、学生の勇敢な闘争、その先駆け性、先進性を遺憾なく示し、民衆の大きなエネルギーを高揚させた。そして反動支配階級に与えた痛撃は計り知れないものであった。それと同時に労働者階級と市民層との統一戦線構築に成功していたとは言えず、民衆の中の多数の中間層を支配層から引き離す戦術にも成功しなかった。前衛党の欠如と日和見主義との闘い、セクト的分裂主義の弊害など、闘争の後半期の民衆からの孤立、遊離について真剣な反省、分析が不可欠である。1919年5月の中国の五・四運動(反帝反封建反軍閥)が、中国近現代の革命闘争の出発点となり得たことの歴史的分析が不可欠と思う。(80歳以上)

・60年前から現在にかけて闘いきれなかった反省があるなら、現在の沖縄の視点は不可避だったはず。なぜ辺野古の闘士を呼ばないのか。なぜ沖縄に行かないのか。なぜ中央の憲政会館なのか。真実は細部、辺境に宿るはずなのに。ただの同窓会なのに、決まって「なぜ若者が来ない(いない)のか」という意見、疑問が出る。ナンセンス極まりない。(70歳未満)

・終戦直後を除き、日本人は社会に対してあまり不満を持たなかった。ほぼ満足している。それが数十年間続いている。だから社会が革新されない。満足している状況では次第になくなってきているのに。(70代後半)

・大衆が大きく渦巻く時代だったと思う。しかし現代は選挙における投票率の下落、平和ボケ、人間関係の希薄等心配なことが多々ある。なにが60年前と今は違うのでしょうか。私の大きな課題の一つ。(70歳未満)

・安保闘争は国民の平和に対する声だと思う。暗い出来事が多い中、今の時代はもしかしたら戦前ではないかと思ってしまう。数十年後の未来から振り返って、あの時(今の時代)は戦前だったんだとならないようにしていか

ないといけないと強く思った。（70歳未満）

・やはり戦争体験（幼少期でも）のある世代が中心となったことが大きいのでは。逆に言えば敗戦後15年という時代の中で必然的に起こった運動なのかと思う。路線対立を孕みながらも反骨精神の一点で大衆が動き出した。だがそれは一方で、戦後体制の本質まで迫り切れない一過性、脆弱性の裏返しだったのでは。60年という時代の流れの中で、将来どういうかたちで体制批判の一大運動が起こるのか否かや、決して昔の話ではないと再確認した。（70歳未満）

・60年安保の時は真剣に世の中のことを考えていた。樺美智子と国会前に座った。現在の安倍政権は岸内閣と同じ方向を向いているが、学生に問題意識はない。せめて投票には行ってほしい。（80歳以上）

・私の人生に３つくらいのポイントがあったが、そのうちの一つであることは間違いない。少なくとも自己満足したと言える。人生経験の役に立ったとは言い難いが、あの時代のど真ん中に存在していた自己満足は得難いものがある。ただし、実際の社会生活の中では、大きく反省することがあり、マイナスをその後の人生でプラスに転化することに大いに意味があった。具体的に言えば地に足がつかない、よい空論の革命運動だったわけで、もう一度同じ誤りを犯すことを避けられなかったが、３度目の間違いを起こすことはなかった。だからその後の多くの運動家たちがうらやむ経験をした分プラスだったともいえる。（80歳以上）

・60年安保の時23歳、何回もデモ、国会のスト応援に参加したが、諸悪の根源は安保体制、特に地位協定だと断言できる。日本が真の独立国家になり得ないのは、近代に入って「自由」を獲得するために血を流して得ていない国民のためかもしれない。しかし「今」の日本は曲がりなりにも自由を得ているが「茹でカエル」状況ではないかと思う。沖縄、福島の状況を見れば明らかだと思う。（80歳以上）

・「60年安保」の時は高校一年生だった。兄世代が全学連の中心部隊。大学に入った時は平民学連（民青等）などがあり、辛うじて日韓闘争などがテーマになっていた。その意味では60年安保（世代）にコンプレックスを抱いていたといってもいい。それは兄世代がそれだけ社会の前面で動いていたことの証し、表れでもある。そして今「60年安保」を総括、評価する現在的意味は何かと問い、自問したりする。政治の劣化がここまで進んできたことに愕然とする。戦後民主主義責任は世代責任でもあるだろう。20代前半までの若者に求めたいが「シールズ」なるものはどこまで続くのか。やはり40代よ起てと言いたい。斎藤幸平氏や白井聡氏らの論考には戦後世代の成熟さを感じる。（70代後半）

・60年前の熱い思いを忘れないようにしたい。一時でも多くの人たちが同じ思いを共有し闘えたことは、今思うと夢のような気がする。樺さんを亡くしたことは慙愧の念に堪えない。60年安保闘争に参加したことが私のそれからの人生に通奏低音のように何事につけても静かに流れている。励みにもなり反省の思いにもなり、思い出にもなる。（80歳以上）

・私は1950年生まれ、70年安保世代である。60年安保を60年安保世代から学びたいと思って参加した。先輩の方々はお元気ですね。コロナ禍の中、開催にこぎつけられたこと敬意を表します。（70代前半）

・先日、忽然と逝った西部邁を出すまでもなく、この日本には絶望以外なんの意味を持つこともできない。政治家も役人もメディアも劣化し、民はウロウロとするばかり。敗戦で知った失敗の繰り返しを今またコロナでもやっている。アホな国なのである。今さら安保の意

味など掲げてどうなる。岸の孫が悪事の限りを尽くし、新聞は広告ばかりが増え、読者が喜屋武真之介に出した手紙は握りつぶされる。どうせ新聞も民主主義も経済も人口も国土も沈没していく運命だ。「感想」を「自由」に書く余地もない。(80歳以上)

・私にとっての60年安保の意味は、社会や政治に対する自分の背骨を作ったと思っている。この60年間、経済至上主義により、政治の右寄り、そして人々の政治や社会に対する保守化が進んだ。一方、保守政治に「NO」を言う人々が高齢化し、若い世代が政治、社会について自分たちと深くかかわると受け取り、必要な行動をとろうとする人が少ないのは残念。そういう若い人を批判するより、なぜそうなるのか、踏み込んだ考察が求められていると思っている。(70代後半)

・それは保阪さんの言う通りだと思う。学生を中心とする若い世代が行動した経験として非常に大きな意義があったと思う。これは民族の経験でもある。勝ったとまではいえないが大きな経験だったと思う。もちろん世代を超えて継承されなければならない。(70代後半)

・あの時議場まで入っていたら最高だったのに(絶対に?入れなかったとは思うが)。なぜ門外に出てきてしまったのか(今もってよく分からないのだが、誰に従ったのかも)返す返すも残念だった。翌日まで少なくとも構内で頑張るべきだった。樺さんに乾杯。私の人生で唯一自信を持って自慢できる安保60。その後の生活(64年～2005年の完全なサラリーマン)の中でも内面においては大きな心の支えだった。2006?改憲阻止の会発足に関わったのも60年安保があったためと考えており、長い長いブランクがあったが、大変よかったと思う。もし60年安保がなかったらと思うとぞっとする。(80歳以上)

・私にとってはあまり身近なことではなく、ニュースで見聞きする程度だったが、実際にそのことを体験した方々のお話を聞き、一人ひとりがそのことと向き合って考えたり行動していたことが実感として伝わってきた。いま起きていることもっと自分のこととして考え行動することが大事なのだと感じた。次世代に実体験として語るべき何かを持ちたいと思った。その意味で60年安保闘争は今なお続いているのだと思った次第である。(70歳未満)

・60年を経て、立ち上がって改めて考える(思い出す)非常によい機会だった。20歳前でたいした知識もなかった時期、あの戦犯であった岸が再び権力をふるった行為に抗議してデモに参加した。大学生、高校生、予備校生の行動は大勢に流されていた大人世代に「否」を突きつけたと思う。(70代後半)

・60年前にあまりこだわるより、現在の社会状況、コロナから見えてくる未来を考えていきましょう。

・〈コロナ禍での会決行の意義〉コロナ警鐘が鳴りやまぬ中、6/10に会が開かれた。①人数制限してのベルリンフィル演奏会、②60安保60周年記念集会、この2つはコロナ渦中での社会活動模索の先駆けとなった。実行委の冒険的決断に敬意を表する。これに応えて家族の引き留めを振り切っての参加、認知症を患いながら最後のチャンスになるから上京したいとケアマネジャーに交渉を尽くすなど参加を目指す人々の涙ぐましい物語があったことを明記したい。〈60安保闘争の意義〉①戦後最大の戦争の道を拒否し平和を求める意志の表示行動であった。②日本の左翼運動が長らくクレムリンに従属していた悪弊を脱し、自らの頭で判断し行動する出発点となった。(安保以前はソ連核実験はキレイな核実験だから反対しないなどという苦し紛れの主張がまかり通っていた。)(80歳以上)

・保坂さんの講演を聞いて、60安保闘争の時も、その後も再び活動した自分にとっては、ややもすると「理論」の総括をしたが、いま考えると、もっと広いレベルの問題が問われていたと思うようになっている。島さんがなぜ沖縄に赴いて医療活動にあたられたのかも、そうした問題意識を持たれたからかもしれない。九段学生会館雄飛家の会議を思い出す。（80歳以上）
・戦後15年の60年安保は、10年後の学園闘争や70年安保の闘いと多少の類似点や連続性があったと思われる。それに比べて70年以後の学生運動、市民運動を含めた政治闘争には連続性が失われていったようだ。とはいえ今なお60年前の活動家世代が一定の役割を果たしているのを見聞きする中で、昔話で終わらせてほしくないという気分。（70代前半）
・戦後15年目の出来事、まだ戦争の記憶も鮮明に残り、東西冷戦という背景もあったとは思うが、あれだけのエネルギーはどのようにして発生したのかもっと知りたい。５年前の安保法制反対でも、あれほどまでには広がらなかったので残念な気持ちだ。（70歳未満）
・私は当時12歳だった。その時、もし学生が死んだら岸を殺しに行こうと友だちと話し合った。しかし大阪に住んでいたのだから実行できなかった。30代以上は信用するな、という言葉も助言はあるだろうけど、それらはすべて足を引っ張るものだということだろう。（70代前半）
・60年前を思うと、当時は社会全体が熱かったという気がする。「アンポ」に対し、一般国民も、マスコミも、学生も、会社でも、熱く語った。今は何に対してもなぜすぐに冷めてしまうのか、考え込んでしまう。安保闘争の意味を述べる知識も経験もないが、60年当時デモに参加し「安保」について語り合ったことが、その後の考え方、ものの見方についての強い軸となったように思う。（80歳以上）
・ちょっと難しくて書けない。（70歳未満）
・60年安保の時、私は10歳だった。あの時、知人の早大生のお兄さんが血だらけだったのを覚えている。国会を囲む労働者や学生の姿にとても心ゆさぶられたのを思い出す。社会が、国家が、市民によって問われていると。それからベトナム戦争があり、70年安保が闘われた。大学生になっていた私もまた学生運動と言われる活動に参加。帝国主義打倒と叫んでいた。「人権」という言葉、差別と貧困を実感し平等な社会がほしかった。今改めて60年安保に立ち返って考えた時、時代の閉塞感はむしろ増しているように感じる。一見豊かになってしまった世の中で、あの時代より多くのことが見えなくなっている。その意味で、あの闘争から何が生まれたかが？（70代前半）
・私は1941年３月生まれなので、60年安保の世代ということでは、保阪先生に、生きてきた時代としてはより多く重なる。高校時代（2年次から卒業までの３年間）と大学４年間を、働きながら７年間夜学生だった自分は、何から何まで先生に比ぶべくもないが、特に60年４月に早大入学だった私は大学１年生のスタートが、前半は連日授業などなく、国会デモに参加していた。学内の全学連自治会の学生に率いられてだったのだが、国会前の現実や南平台の岸邸周辺などで体験したことをはじめ、強圧的な政府の姿勢には戦前の軍国主義の姿を見た思いだった。現在も「法治国家」を標榜しながら議会制民主主義を蹂躙したやり方でことを進めており、等しくあの戦争を体験したのに真の民主主義が根付いたとは到底言えない情けない現状。保阪先生の控えめなお話からは、歴史の真実を自らの力

で掘り起こし、本質的に変えなくてはならない強い意志が感じられた。また高橋先生も若い人々にも目を向け語り合い、いっしょに少しでも進歩させていくべきだ、ということをアドバイスいただけて大変意義深いご講演だった。ありがとうございました。（70代後半）

・樺美智子さんが亡くなった日、国会デモに行っていた。朧げになってしまったあの時のことをもう一度はっきりさせたくて参加させてもらった。組織のことは一切知らず、ただこれではいけないと一人で出かけた。今もあの時と同じ焦りを感じる。みなしっかり目と耳を開いてほしいと思う。（80歳以上）

・60年安保闘争は戦後民主主義と戦争責任（岸）に対する異議申し立ての区切りであった。同時に党、大衆－市民、軍事等、70年安保に繋がる闘い方の問題提起も指示した。70年前後の闘いはこうした60年安保闘争の教訓が未だ消化なきまま展開され、現在の混迷に繋がっている。50年の幅はまだ辿り直すことのできる歴史の幅と考え、勉強していきたい。（70代前半）

・現在の市民運動にも60年、70年安保世代は大きな位置を占めている。担っているといっても過言ではない。この闘いは必ず次の運動の主体を生み出すものである。敗北から「壮大なゼロ」として霧散させるのでなく、継承、発展させる教訓を引き出すのが重要であると思う。（80歳以上）

・ヨーロッパの反ファシズム運動と比べてどうだったか。人民には、共通して得た思想的財産が果たしてあったのか。親が子に語り継ぐに足る人民の美しい連帯の姿があったか。否。醜悪な党派闘争しか残らなかったのではないか。安保闘争を美化せず、人間のすることの愚かさを考えてみるべき。（80歳以上）

・安保闘争に参加した人たちは「アンポ世代」といえばその世代の共通言語のように、戦争のシステムを作った帝国主義体制に対し、民主主義、人権尊重といった新しい時代をつくるために、真に闘った同志としての強い連帯意識に基づくものがあるのだと感じた。こういう闘いを正しい行動をとってくださった世代の方々の成果として、現在の社会や75年間国家としての戦争をしてこなかったという「今」があるのだと、歴史的に意義を持つ行動だったと思った。（70歳未満）

・（70代後半）

・私は1943年生まれで60年安保闘争当時は高校生、大学生たちの、大人の変節、戦争をつくったシステム再来に「ＮＯ」を突きつける運動を固唾をのんで見守っていた。政府のすることに対してこのように命を懸けてまで反対するエネルギーが頼もしく眩しく、警官隊の暴力がおぞましかった。70年は就職したばかりで社会人として生きるのに精いっぱい。両運動とも傍観者でしかあり得なかった。しかし彼らの熱情は充分に共感できたし、その後の敗北の様にも心を痛めた。しかし、少なくとも「戦争犯罪」「国民主権」という憲法の理想が、高校生にもかたちとして目に見えたという歴史的意義はあったと思う。60年安保を闘った人たちがその後を現在までどう生きてこられたか、現在の状況をどうとらえているのかを知りたくて今回新聞の小さな告知を見て迷わず電話した。そしてどこかに当時の熱情を残しながら穏やかに（？）老いていらっしゃる人たちの姿に納得した。（70代後半）

・国家、戦後体制へのＮＯを突きつけ、さまざまなパワーと連携できたこと。だがその中でも女性は「銃後」にいた。これは自主的に選んだということもあるかもしれないが。この中からウーマンリブが誕生したことも一つの大きな歴史的な意味を持つと思う。（70代後半）

・①一日、一ヶ月、一年、生まれるのが早ければ、自分もああして屠殺場へ送られ、人を殺し、自分も殺されていたかもしれない。　②一億玉砕を叫んでいた上層部が180度転換し、鬼畜米英からアメリカ万歳へ、そして戦争指導者たちが公職追放されたかと思ったら、（冷戦になると）すぐに復活し国の中枢に就く。民主化の流れが逆流してレッドパージ、民主運動の弾圧、純粋な心の持ち主の若い人々にとっては苦しい事態の連続だったろうと思う。その集中したかたちが、米国に従属する60年安保改正というかたちでの決着。（国の形が決められようという）それに対して、あらん限りの力（情熱）で立ち向かっていったのだと思う。あれをやらずして、若い人々は自分の存在を次へと進めることができなかったのだと思う。京都府学連の５万人集会とデモの話では涙が出た。勇気をもらった（人間は信じられる、と)。生活に追われて、さまざまな分散、挫折に見舞われたことと思うが、あの60年安保改定阻止闘争の情熱はすばらしい、本物だと思う。（70代後半）

・安保闘争の学生の熱気、今は学生たちに見られない。今の大学には政治批判の立て看板はまったくない。テレビ、新聞を見ない若者、政治の話をしない若者、長い時間をかけて自民党を中心とした政治家が作り上げてきた若者像、希望通りになったように思う。しかし学生運動「シールズ」が出たことは希望があった。高橋先生の言うように、若い方の知性を信じたい。しかし私たち安保闘争で闘った世代も、政治批判など、こういう集会などどんどん開き、若い方に刺激を与えるべきと思う。安倍政治を許す日本であってはならない。（80歳以上）

・今回の企画ありがとうございます。とてもよかった。1960年安保の時、私は小学校１年生だった。70年安保の年は高校生だった。高校生になり、ベトナム戦争反対運動（ベ兵連）に関わり、自分の中で政治に関心が向き始めた。ちょうど高校１年の夏、新宿西口の反戦フォーク集会と出会ったのも大きかった。おかしいことには、反対の声をあげるということを学んだのは高校生の時でした。大学生活はノンポリで、就職してから組合運動（日教組）に関わるようになり、退職するまで多くの地域の労働組合や全国の労働組合の仲間と繋がり、運動を進めることができたのはよかったと思う。また「障害児」教育や「反原発」などの市民運動にも関わることができた。退職した今でもその方々と繋がり、運動を続けられているのはよいことだと思っている。（70歳未満）

・私も後尾ながら、6.15に参加した者の一人だった。その後大きな挫折感と空白感に長い間とらわれ煩悶した。当時金子光晴の詩集を夢中になって読み、深い感銘と共感を得て多少救われた。すでに大学に通うことをやめていて、４年生のまま除籍の処分を受け、以後就職に苦しんだ。6.15の敗北を自分なりに総括することもなく、生活のため社会の中に呑み込まれていった。それでも、当時若者たちが共有した純粋な正義感、その強い正義感こそ、6.15運動の原動力だったと思うが、それは今でも私の誇りであり勲章である。（80歳以上）

・命がけで遊べる玩具に遭遇して、夢中ですごした時間だった。権力と闘っているという充足感と、終わってみれば元の木阿弥という無力感。いずれにしても中途半端でなく充実した時間を生きることができて、中にいた人間としては非常に幸運であったと思う。あの闘争の中心となった学生たちは、終戦前後に学齢期を迎えた年代であって、戦前の価値観は墨で塗りつぶし、民主主義とやらいうものを生徒も教師も疑心暗鬼になりながら手探りで

見つけてゆくという体験をした世代である。そこには、権威という概念はまったく無縁で、空腹ながらも拘束がなく、底抜けに明るいアナーキーな精神的情景があったように思う。権力は崩壊するもの、かたちあるものは焼け落ちてしまうもの。無意識のうちにこういう漠然とした世界観が浸み込んでしまった世代なのかもしれないと思う。60年安保闘争の過程で、全学連のとった単純で分かりやすい行動と盛り上がり、またその後の終わり方のあっけなさ、急ぎ足での壊滅、分解、消滅への道程を思うとき、私はこの底抜けに明るい無責任なアナーキズムが根底にあったような気がしてならない。そして、それこそがエポックメイキングな運動には必要不可欠なエネルギー源ではないかと思う。(80歳以上)

・全共闘世代に属する私にとって、60年安保闘争世代は常に気になる存在であり、比較の対象でもあった。今回の保阪正康氏の講演を伺い、60年安保闘争は戦前のリーダーたちの思想と統治体制を真正面から否定する闘いであったことを改めて認識した。その意味で改正安保条約の条文そのものが重要ではない、岸信介首相（当時）の存在こそが問題だった、という保阪氏の言葉に強い説得力を感じた。50年代後半から60年代に至る時代は、戦争の傷跡が目に見えるかたちで残っていたと記憶している。それだけに戦前の亡霊がよみがえるかのような岸首相の登場は、戦前とは全く違う道を目指してきたはずの多くの日本人にとって、どうしても許せなかったのだと思う。それは学生のみならず、広範な市民層にも共通した思いでもあったはずである。多くの言論人、文化人が参加したこともこの闘争の特徴だった。60年安保闘争は方向性が明確な闘争でもあった。参加した方々は安保条約改定は阻止できなかったにしても、岸内閣を倒したことである種の達成感を感じられたのではないだろうか。私自身が参加した全共闘運動は、60年安保闘争の弟分のようなものだった。しかし60年安保と違い、大きな盛り上がりを作り出せたという自負は持てたものの、達成感はなかった。その理由の一つは、全共闘の本質が大学の在り方や社会でどのように生きるべきかという問いだったことにあると思う。その問いは、社会そのもののあり方を問うものに発展していった。しかしながら、この課題は学生にはあまりにも大きすぎ、短期間で達成できるようなものでもなかったのである。けっきょく全共闘という大きな塊として、具体的な方向性を打ち出せないまま、運動はずるずると後退していった。60年安保闘争を越えたと思った全共闘参加者は多かったと思うが、越えられない新しい壁にぶち当たった。そして、その厚くて高い壁は、今も私たちの前に聳えている。(70代前半)

Ⅳ. 安保60周年講演会　歴史的意義を次世代に引き継ぐため

Q4. 今後、安保闘争の歴史的意義を次世代に引き継ぐためにはどのようなことを考えていくべきか、ご意見をお聞かせください。

・学生運動比重が重すぎた安保闘争であるが、反岸の政治的な色彩の濃い運動になって、6.15で「終戦」、あとは分裂と過激化の展開として、「左翼運動」は全体として弱くなってしまった。米軍基地の存在、アメリカ軍事力の強大化とその後のアメリカ軍の世界的展開は阻止できなかった。沖縄の基地の撤廃はできていないし、安保体制下の日本は「憲法体制」の民主主義自体、脆弱化している情けない状況である。やはり基本的姿勢は「反戦」「護憲民主」「社会保障の充実」「貧困の根絶」「教育の無償化と自由」「税制の大改革」「累進課税の強化」などで、自主独立の平和外交の日本であることを願うばかりである。少なくとも戦争のない、飢餓のない現在の日本は、われらの最低の成果かもしれない。(70代後半)

・反原発の全国的市民闘争、沖縄県民の反米軍基地闘争に代表される闘いは、日本人民の平和、生命、独立、安全と日本の将来の興亡にかかわる最重要で、かつ最も重大、深刻な全民衆的闘いと位置づけ、日常普段の啓蒙、宣言、行動によって民衆の覚醒と闘いの前進、勝利が結合されていることに、若い世代が一日も早く認識と自覚(日本それ自体の運命にかかわっていることを)の地平に立つことを促していくこと。(80歳以上)

・老人たちが10人くらい単位で大学の門前にチラシを呼びかける運動を。青年に訴えるのがわれわの仕事。きれい、かわいいしか言葉のない女性に挑戦するのは個人でなく運動でなければ。青山、原宿においぼれ部隊を繰り出す運動がほしい。(70代後半)

・今回の講演の内容を何らかのかたちで映像に残してほしいと思います。コロナの時節のため会食などができなかった。だれそれ君は死んだ、あの人はまだ元気に生きて活躍している等の話をしたかった。企画ありがとうございました。ご苦労様でした。感謝します。(70代後半)

・60年安保という一時代から安保を取り巻く長い流れを考えて、現代における沖縄の基地問題や日米関係及び世界視野で考える日本の立ち位置等について、身近なところから一歩でも半歩でも国民一人ひとりにできることを考え、行動することと思う。(70歳未満)

・平和であることイコール当たり前にあることでないということを伝え続けていかないといけないと思う。ちょっと油断していると戦争は静かに気配を消してやってくるから。気が付いたら戦争せざるを得なくなっていた……ということにならないために。(70歳未満)

・高橋氏の話にあったような、まず下の世代の話を聞く耳を持つこと。記憶回想の押し付けでなく、若い人から興味を引くような柔軟性が必要と考える。(70歳未満)

・戦争体験を語り伝える最後の世代であり、その活動を始めた。(80歳以上)

・何が歴史的意義だったのか、わかりやすい正史があるわけではない。また同じようなことが二度起こるとも思えない。引き継ぐものが「ブント系列」の中で合意されているわけでもない。そもそも「ブント系」と称するものがあるとすれば、怪しげなものしかないのではないか。少なくとも私には引き継ぐ者たちの姿がよく見えない。しかし努力される方々がいるのであれば期待する気持ちはある。(80歳以上)

・華やかな文明に浴しながら、戦略兵器から通常戦争に使うための核兵器の戦術兵器への切り替えが進み、サイバー兵器やＡＩ兵器など戦争の抑止が難しくなりつつある今、人類は地球温暖化で「茹でカエル」の運命をたどり、相手は国を越えて「人間」、「世界」になった。闘争で自らが倒れても十年後の日本が救えるならばの気概で闘った安保世代の人間でなく、時代の悲鳴を聞き取らせて次代を育てていく(手遅れにならないうちに)哲学的思考の闘争者、政治家が生まれるようにしていきたい。(80歳以上)

・権利を守るためにはどうすれば守れるか、60年代の労働運動、政治闘争、あらゆる権利が守れ拡大したかを、老いた身で許すようにしている。(80歳以上)

・むしろ私の方が聞きたい。特に具体的に持ち合わせない。とにかく若い世代に働きかける場、機会を戦術的、戦略的に構築することが求められるだろう。学びの広場を作ってほしい。(70代後半)

・難しいことだが何とか少しでも受け継いでいってほしいと思うのだが。今回のような集まりを繰り返していくのがいいのかも。今の若い人たちは心が貧しくなってしまったのか。そうとも思わないのだが。(80歳以上)

・歴史的事実を正確に伝えること。映画の活用も一手段。反帝国主義闘争、社会主義運動の２つの面で明確な評価を与えること。(70代後半)

・一つは60年安保に参加した人が自分の言葉で語り、残すこと。政党やセクトの考えではなく、個人が自分の考えで、今どう感じ考えているかが重要。２番目は「60年安保」に関する資料を集め、心ある大学などに保管し、必要な人がいつでも読むことができる資料コーナーの創設。３番目は、2番目に必要な資金、参加できる体制づくり、資金はクラウドファンディング方式による公募方式。体制は今回の集会を主催された「戦争ＮＯ！安保60の会」を中心に、協力できる人がいろいろなかたちで協力する。(70代後半)

・安保闘争は、明治維新や太平洋戦争と同じく、既に歴史である。従って「安保闘争の歴史的意義を次世代に引き継ぐ」とは、今日の時代を民衆の立場で対応し行動していくということであろう。私は高校生だった1960年6月、国会へ見学に行った。それやこれやで、今の社会の世界の問題、格差、貧困、環境などは基本的に社会主義でしか解決できないと考えている。それができなければ、人類は滅亡する。コロナや自然災害は滅亡の過程とも考えられる。ただ上のような行動の合間に、6月10日のような集会を持ち、交流、親和の会があってもよいと思う。できれば県単位くらいで。(70代後半)

・60年安保闘争は、政府の権威意思に対し、市民の知性と意思は別にあることを示そうとした最大の運動であったとは思うが、自立した市民社会へ進化するための気の長い取り組みに注がれるべき問題意識とエネルギーが、全部この闘争に費やされて燃え尽きてしまった感じもある。形式でない、本質での市民社会でなければ、民主主義は泥づくりの船と同じで、やがて活力を失う。どうしたら市民社会に生まれ変われるかという本質の大切なテ

ーマが置き忘れられ、敗戦で初期化された社会が、民主的制度と新憲法に乗って、いいとこ取りのように個別のテーマで市民活動をしているだけでは、市民運動と政治の相互作業で社会と政治がともに進化していく循環が始まるような展望にはほど遠く、むしろ権力側の管理するフィールドで市民意識が徐々に切り崩される効果が先行しかねないことが気がかりである。市民社会として健全に成長するためには、政治と直接関わる取り組みとは別枠の、市民独自の思考チャンネルを共有する会議が、ぜひ必要と考える。(70代後半)

・やはり決定的に世の中を変えるには膨大なデモとストライキ（ゼネストまでは言わないが）によるしかないと思っているので、やはり職場での一人の決起から始めるしかないのではと思う（いかに困難で大変なことかは分かるが)。具体的には、直接次世代に語ることはないのだが、全学連、中核派シンパとして闘いに参加するつもりではいる。(80歳以上)

・自分の頭で考え行動することが大切だと思う。しかし現実的には講演の後、予定より遅くなり、今日の夕食の準備はどうしようと考えながら急ぎ帰路についた。そんな日常の暮らしの中に、どうこのテーマを入れていくかということが、まずは課題かと思った。おかしい表現かもしれないが「生き証人」が存在している間に、もっと多くの人、若い世代の人々に話を聞いてもらいたいと思う。(70歳未満)

・安保闘争の歴史的意義を次世代に引き継ぐ必要があるのはもちろんだが、歴史教育を考え直す必要を感じる。すなわち、学生（中高大）時代、歴史学校で学んだ歴史、世界史ももちろんだが、日本史の授業内容が古代〜江戸時代に大部分の時間が割かれ、近現代史が割愛された。これからの歴史教育は縄文弥生時代も大切だが明治後半から大正・昭和時代を世界情勢に関連付けて深く学ぶことが大切と考える。(70代後半)

・60安保に関する本は数多く世に出ているが、安保闘争の真実は未だに多くの謎を残したままである。また謎を残したまま「次世代への継承」が声高に語られる空虚さを感じてきた。私は（大学2・3年で安保体験)、わずか4か月のブント体験者であるが、年老いてから安保の真実を初めて追求し始めた。その経験から次のことを呼びかけたい。〈記録を残そう〉60安保体験者は、「1959年11.27〜1960年1.16、4.26、6.15の体験」を振り返り日記に残そう。若い世代がそれを見たくなる日が必ず来る（今は耳穴を通り過ぎる)、若者の検証に堪えうるよう実証的に書こう。子供に孫に姪に甥に。〈未解明な安保史〉研究会ができたらよい。①11.27、1.16、4.26、6.15の主な闘争日の戦術決定の全容　②1956年から1960年までの全学連人事　③樺美智子の死因の真相　④1.16羽田闘争に参加しようとした東京地評青年部の実態　⑤各地方の安保闘争史　⑥女子学生、女性労働者、主婦の参加実態　⑦安保裁判、101名起訴、2名実刑の意味　⑧安保闘争後、戦列を去った人々は何を求めて生きたか　⑨安保闘争史資料の行方、この保存整理もわれわれの役目（国会図書館、東大文書館、ハワイ大学等散逸、個人所蔵など）⑩安保闘争検証本一覧（80歳以上）

・若い人たちと話し合える場があればいちばんいい。考えを押しつけるより事実を伝えるだれでもいいでしょう。(80歳以上)

・日本だけに限らず、今日直面する諸課題とそれに取り組んでいる世界の人々に、多面的な発信をしていただきたい。(70代前半)

・常に政治に関心を持ち、戦争の記憶を風化させず、平和が脅かされるような時には行動していくこと。(70歳未満)

・挫折も含めた反省の上に語り伝えるしかない

のかな。コロナ禍の中、今回のような会を催してくださったことにお礼を申し上げる。(80歳以上)

・今朝のラジオで「安倍さんの支持率が下がっている。これまで高かった若い層も離れてきたためだ」と言っていた。なぜ若い層は支持するのか、私が想像するに「経済が大事」と、そして「日本は美しく強い」とも、そういう安倍さんの言葉に期待していたか。コロナで一斉休校、マスクなどの金の使い方、緊急事態宣言やGo　Ｔｏキャンペーン……と思いつき政治になり支持率が下がったのだと思うが、そのことが歴史を振り返るきっかけになるとは思えない。70年安保世代の私が，まず戦後から60年安保までを自分との繋がりで振り返らなければと思う。(70歳未満)

・語り継ぐべきなのか。歴史の教育というか日本の現・近代史こそ、国民全員が理解できるような教育のあり

方が必要だと思う。今の政権のままなら無理だが。高橋さんのいうように若者の力に希望がある。それを働きかけ、導き出し、教えてもらうという関係を作れることが一番大事かと思う。そんな人がやはり必要。(70代前半)

・戦後75年の今日、さまざまなねじれ(加藤典洋)が未消化のまま(例えば戦争責任、米帝主義、民主主義、自立ー自治)、今日に至っているような気がする。そうした中途半端さが若者との回路を困難にしている。しかし世界はさらに腐朽し、人が人として生きづらくなっている。それぞれが同心円的に群れないで、行動しながら考えることによって、思想と革命のリレーについて考えていきたい。(70代前半)

・このような集会をなお継続してほしい。その時々の視点で論考や本、映画なども制作し継承、深化を図りたい。なんせ戦後史を画する大闘争であり、不滅の金字塔から汲むべきものは多い。(80歳以上)

・当時の各党派に関わった人を壇上に招き、率直な意見交換をさせるべき。後世の人に何を引き継がせるべきかを。「壮大なゼロ」にしてはならない。評論家や歴史家の講演はもうたくさん。(80歳以上)

・現在私たちは、先の世代の方々の歴史的成果を享受して、戦争に参加することなく民主主義社会に立てている。しかしここ数年で、このような体制が覆るような集団的自衛権を憲法改正によらずに解釈で変更するような事態に直面し、戦争は遠い昔の話ではなく現実問題として感じている。歴史的意義を引き継いで戦争をしないために、どういう行動をすればいいのか考えるが、いい考えを思いつかない。しかしそれでもやはり民主主義社会においては、変えることができるのは、一人ひとりの選挙における1票1票であり、国のリーダーが誤った場合にはＮＯをつきつける、正しいことを正しい方法で言い続けることなのではないかと思う。(70歳未満)

・次世代に引き継ぐためにどのようなことを考えていくべきか。戦後75年、軍隊、ヒロシマ、ナガサキ原爆、満蒙開拓、空襲、戦災孤児などなど、戦争の実態について実際に体験している人が少なくなり、風化が心配されるようになった。「60年安保闘争」など戦後の反戦の活動も同じ運命にある。次世代に引き継ぐには、当日の2人の先生方への質問の答えにもあったと思うが、一にも二にも「歴史の正しい教育」しかないと思う。「現代史」を充実させるべき。残念ながら国に期待できそうもない間は、個人、民間が熱意を持ち続け、世の中に働きかけていくことしかないように思う。自分のできる範囲でまず子供や孫に語り継ぐ、本を勧めるなどからでも。私の場合は趣味の短歌結社誌で「戦争、平和」を意識した特集などしている。米国では若い世

代に「原爆は必要なかった」という考えが広まってきているそうだ。「事実」を知らしめることを諦めないのが大切と思う。そのためには、高橋氏が言っていた通り若い人に相手にしてもらえる柔軟な心を持った年寄りでなくてはならない。（70代後半）

・① 60年代に闘った人々の記録や話を若者が読んだり聞いたりして相互ディスカッションをする。　②①をするにはテキスト、人選、レジュメなど多大な準備が必要。もう私たち世代は息切れですね。　③女性をメンバーに必ず入れ、ジェンダー視点を欠かさないこと。（70代後半）

・あの戦争をされた人々、「20歳までしか生きられない」と覚悟を決め「させられ」、無念の思いで死んでいった人々の「大義のため」が本物であるならば、戦争でこの世からなくす運動こそが本物の大義だということを表明した（しようとした）、「あの体制、あなた方を殺した時代に、明確にＮＯを言うのだ」、この60年安保改定阻止闘争（冷戦が始まる中、アメリカの側について対立をなくすためでなく拡大させる方向に日本が加担した）に、命を懸けようとした。そこの原点（思いの原点）を若い人たちに伝えていってほしいと思う。幸福度ランキングが67位（先進国でダントツ最下位）の日本は、自己信頼を取り戻し、滅私奉公でなく、個としての幸せな人生を求めても許されるような国の風土を作っていってほしい。（70代後半）

・どうしたらよいのだろう。私たちも発言することと思う。おかしいことはおかしいと、SNSなどどんどん使うべきと思う。年だからといわず発言することと思う。（80歳以上）

・現役時代は若い教職員を連れてオキナワ・ピースツアーなどを何度も企画し、反戦平和学習も行ってきたが、その根っこには反安保がある。これからも地域で反戦、反安保の関わりが続けられればと思っている。（70歳未満）

・60年安保であれ全共闘であれ、また戦争であれ、体験を次世代に引き継ぐのは容易なことではない。体験の中に同時代を生きた人が見てきた光景や吸ってきた空気が溶け込んでいるからだ。例えば全共闘に参加した世代が共有する記憶には、中島みゆきの「世情」に歌われているような雰囲気が存在する。しかし若い世代がこの曲を聴いて何を感じるか私は自信が持てない。ことほどさように、ある特定の時代の心象風景全体を伝えることが、いかに困難であるかを痛感する。さらに、若い世代が体験者の話を「ありがたく拝聴する」というかたちでは、一方通行のコミュニケーションになりがちである。あくまで体験者は伝える人であり、聞き手は話を受け止めるだけになってしまうからである。それでは本物の、つまり双方向のコミュニケーションは成立しない。体験はおそらく引き継がれないままに終わるであろう。体験を次世代に引き継ぐ、語り継ぐという場合、(1) その時代に生きた人たちの息遣いを伝えられるか、(2) 現在とどう結びつけて語れるか、が問われていると思う。(1) については保阪氏の語りが大変参考になった。今回の講演では安保闘争当時の彼自身の疑問や迷い、そしてご自身の行動や直接見聞きされたこと、人間関係や組織内の雰囲気などが語られた。聞く人の前に「若き日の人間・保坂正康」が立ち現われ、強い印象が残ったと思う。(2) は戦争体験、闘争体験を語り継ぐ際の落とし穴だと感じる。遠い昔の話だけを聞いても、若い人間にとっては現実感覚をもって受け止めにくいからである。沖縄における平和教育の形骸化は、その好例である。そこには認識の壁がある。その壁を超えるには、とにもかくにも双方向の対話をしなければならない。一つの方法は、若い人たちに質問してもらうことだと思う。体

験を語る側も、質問に答えるために記憶をたどり、考えをめぐらせていく中で、新しい発見に行きつく場合もあると思う。また今こうしている瞬間にも、世界の多くの地域で戦争や紛争、軍事的な圧力、そして人権抑圧などが起きている。そのような問題について安保闘争や全共闘の体験者が何を語るのか。過去の体験だけでなく現在起きている事態を年配の世代と若い世代がともに考える場を作れれば、世代間の垣根をこえた対等の立場での対話が成り立つはずである。これは高橋氏の指摘に繋がる問題でもある。60年安保闘争の延長線上に、全共闘やベトナム反戦運動があった。そこまでは、ある程度「引き継ぎ」は行われたといえるかもしれない。問題はその後である。全共闘やベトナム反戦運動を引き継ぐべき運動の担い手は、その後の世界情勢の激変という事態に直面し混乱した。ポルポト派による大量虐殺、天安門事件、ソ連崩壊、湾岸戦争、ユーゴ内戦、9・11テロとイラク戦争など。世界は猛スピードで変化し非常に複雑になった。社会主義の衰退やグローバル化、中国の強硬な海洋進出などが起きたが、リベラル系の言論人も文化人も、以前から「引き継いだ」護憲や平和主義の枠に閉じこもり、世界の流れには関心を寄せなかったと私には思えてならない。その証拠に、香港の人権抑圧に対するリベラル勢力の言論人、文化人からの抗議の声はほとんど聞こえない。60年前の「戦争への道を進むな！」「戦場に若者を送るな！」というスローガンだけで、香港の人権問題にコミットすることはできないであろう。60年安保闘争や全共闘の単なる延長線上で同じことを繰り返すことは「引き継ぎ」にはならないと思う。単なる惰性と呼ばれかねない。今求めらているのは、内向き志向の平和主義から脱し、激動する現実を直視した上で新しいリベラルの理念と運動を作り上げることだと思う。それこそが60年安保闘争（や全共闘運動）を次世代に引き継ぐことになるのではないだろうか。（70代前半）

・不満についての理由をあげるのは困難である。強いて言えば共鳴？、感銘を受け難かったとでも言おうか。講演会というかたちだったので致し方なかったのだろうけど、主催者側の意向を多少明らかにしてほしかった。現時点で「安保闘争」を議論することの意義？、日本の現況に多少とも警鐘鳴らし、行動？の提案、提示例でもあったらよかった。批判だけで失礼しました。「新型コロナウイルス」に抗しきれない科学技術、政治の無策さ加減……、事実上座視している自分をもどかしく感じている。

・革命の幻想のために闘った60年昔の思い出話。（80歳以上）

〈注〉このページは「参加者アンケート」の最終ページです。集計グラフ等があるため、ヨコ組み誌面で構成しました。本誌の巻末からお目通しください。ページ中央の太字数字は本章のページです。

Thanks for all!

［**謝辞とお願い**］
「安保闘争60周年◎記念講演会」の実施および講演録『甦る、抵抗の季節』の刊行にかかわる実行予算は、講演会参加費と参加者カンパ、有志による資金支援によって実現しました。実行委員会では、本誌「講演会記録」を多くの人々にご覧いただくために、「頒布・普及」の活動を展開していますので、さらなるご協力をお願い申し上げます。

安保闘争六〇周年◉記念講演実行委員会

実行委員長	春原豊司	
事務局長	里見哲夫	
広報委員長	篠原浩一郎	
委員（五十音順）	泉康子（編集）	下山保
	浦屋保子	諏訪部大太郎（編集）
	遠藤博之（編集ディレクター）	高木郁子
	奥田直美	原秀介（HP 担当）
	倉田眞（編集）	平岡臣實（九条改憲阻止の会代表）
	栗山武	深沢敏男
	佐々木和子（編集）	三上治
	島ひろ子	吉本昇

デザイン：DTP 制作　(有) スタジオトラミーケ　納富進

Special Thanks　満田康子　藤森建二

■本書に関するお問い合わせは―

記念講演実行委員会

TEL：03-6709-8421（直通：春原）
FAX：03-6709-8457
〒 160-0007　東京都新宿区荒木町 20-21 インテック 88 ビル 6 F
株式会社コミュニケーション科学研究所／内

安保闘争六〇周年◉記念講演会記録
甦る、抵抗の季節

2021 年 1 月 31 日　初版第 1 刷発行

編著者
記念講演実行委員会

発行人
杉山尚次

発行所
株式会社言視舎
東京都千代田区富士見 2-2-2　〒 102-0071
電話 03-3234-5997　FAX 03-3234-5957
https://www.s-pn.jp/

印刷・製本
中央精版印刷㈱

ISBN 978-4-86565-195-9 C0036